dtv

W0045072

Ein Gang auf den Friedhof ohne Blumen in der Hand, nur so, als Entspannung und Erholung, gar als Erlebnis? Barbara Bronnen ist so eine passionierte Spaziergängerin, eine, die für ihr Leben gern auf Friedhöfe geht. Der Friedhof ist ihr Zufluchtsort, Ort der Besinnung und des Friedens. Die Autorin nimmt den Leser mit auf berühmte Friedhöfe wie San Michele in Venedig oder Père Lachaise in Paris, reflektiert an den Gräbern über die Schicksale von Widerstandskämpfern, ermordeten Juden, Soldaten, von anonymen Toten. Sie streift Lebensgeschichten oder erfindet aus dürren Daten Biographien. Die Vermutung ist nicht falsch, daß Barbara Bronnens sehr persönliches Buch auch eine Einübung in den Umgang mit der eigenen Sterblichkeit ist.

Barbara Bronnen veröffentlichte mehrere Romane, u.a. ›Die Tochter‹ und ›Dschungelträume‹, zuletzt ›Meine Toskana. Eine Liebeserklärung‹ und ›Die Stadt der Tagebücher‹. Ihr nächster Roman wird im Frühjahr 1998 im dtv erscheinen. Sie schrieb Hörspiele, Dokumentationen und ist Autorin des Films ›auf der suche nach A.B. – Der Schriftsteller Arnolt Bronnen‹.

Barbara Bronnen

Friedhöfe

Warum ich für mein Leben gern
auf Friedhöfe gehe

Kleine Philosophie der Passionen

Deutscher Taschenbuch Verlag

Originalausgabe
November 1997
© Deutscher Taschenbuch Verlag GmbH & Co. KG, München
Umschlagkonzept: Balk & Brumshagen
Umschlagbild: Alfons Holtgreve
Satz: Design-Typo-Print GmbH, Ismaning
Gesetzt aus der Bodoni Book 12/14 Punkt (QuarkXPress 3.32 Mac)
Druck und Bindung: C. H. Beck'sche Buchdruckerei, Nördlingen
Gedruckt auf säurefreiem, chlorfrei gebleichtem Papier
Printed in Germany · ISBN 3-423-20096-0

Inhalt

Für meine Großmutter Else von Lossow †
Für meinen Vater Arnolt Bronnen †

Besuch bei mir selbst

Wir gehn manchmal zwanzig Minuten
Die Mittagszeit nicht zu verliern
Zum Friedhof der Hugenotten
Gleich hier ums Eck spaziern ...
Da liegen allerhand große Leut
Und liegen auch viel kleine Leut ...
Dann freun wir uns und gehen weiter
Und denken noch beim Küssegeben:
Wie nah sind uns manche Tote, doch
Wie tot sind uns manche, die leben.

Wolf Biermann

Das Glücksgefühl, sobald ich ihn betrete, den Alten Nördlichen Friedhof in München. Die Würde der Monumente. Die Posen der Statuen. Das vorgeschobene Standbein. Die Schattenlinie. Ich laufe an den Gräbern vorbei, an der Mauer entlang, jeden Morgen. Ich springe über die Gräberschatten. Seit je übe ich mich darin, auf keinen Schatten zu treten. Warum bloß? Die Taube auf dem Kopf der trauernden Mutter, Taubenschiß auf dem Babykopf. Der Obdachlose schläft auf fünfzig gefallenen Franzosen. Hinter »Beloved Elizabeth« hat er seine Bierflaschen versteckt.

Um Klartext zu gewinnen, laufe ich hier jeden Tag, bevor ich mit dem Schreiben beginne. Der Gräberlauf hellt die Trübung in meinem Denken manchmal auf, manchmal be-

schleunigt er Gärungsprozesse. Verschwommenes wird zu Gewißheit. Hier erfahre ich täglich die Unumgänglichkeit meines von Anbeginn an feststehenden Todes.

Ob vor der Arbeit, mitten in der Arbeit, wenn ich nicht weiter weiß, ob nach störenden Telephonaten oder nachts, wenn ich nicht schlafen kann: wie ein Unkenruf taucht der Gedanke an einen Friedhofsgang in mir auf. Ich ziehe meine festen Schuhe an und laufe los, in eine Staubwolke gehüllt.

Die Sehnsucht nach mir selbst, so, wie ich sein könnte, ist es, die mich hinzieht, denn »man besucht ja nur sich selbst, wenn man zu den Toten geht«, sagt Tucholsky. Gelernt habe ich das Friedhofsgehen von meiner Großmutter, und als sie starb, vor nunmehr 13 Jahren, begann ich damit, täglich den Friedhof aufzusuchen, Sterbensangst im Nacken. Ich war wie erstarrt, selbst wie tot. Ich schlug das Manuskript auf, an dem ich gerade arbeitete, saß davor und blickte abwesend auf die Zeilen, weit weg. Zeitlupentrauer. Wie ungenügend mein Wissen, mein Können, wie fragwürdig mein Leben.

Flucht in den Friedhof. Versuch, mir die Realität meines begrenzten Lebens täglich vor Augen zu führen. Lernen, den eigenen Verfall anzunehmen. Das war die Aufgabe, die ich mir stellte.

Erst ging ich mit bleiernen Füßen. Doch je mehr ich mich darin übte, meine Füße zu heben, desto leichter wurden meine Schritte, die Schatten abstreifend, die mich verfolgten. Krähenschreie, Engelsgesichter, Fittiche und Wachsgeruch. Hohe Mauern, die mich beschützten und ein Kraftfeld säumten. Abstoß aus meiner Sinnentleertheit.

Meine Großmutter hatte längst kein Problem mehr mit dem Tod. Das Problem hatte nur ich.

Vier Tore, die mich mit dem Außen verbinden. Statuen, neuromanische kleine Halle, Reliefs. In der Achsenmitte ein einfaches Kreuz. Die alten Frauen legen Blumen auf den Sockel. Spürbare Geborgenheit. Aus dem Haus in der Zieblandstraße, dem Friedhof gegenüber, wo Liesl Karlstadt geboren ist, dringt Bratengeruch. Der »Alte Nördliche Friedhof«, mein Lieblingsfriedhof, als Todeslehrpfad genutzt, der Vergangenheit und Zukunft mischt. Der Ort zahlloser im Lauf absolvierter Andachten, als Gegengewicht zu ausufernder Selbstbeschäftigung. Damals, zur Zeit seiner Gründung 1896, galt dieser Leichenacker als ein gefährlicher und gesundheitsschädlicher Ort. Was gibt es heute Erstrebenswerteres, als in seiner Nähe zu wohnen?

Jahre später, als München Hauptstadt der braunen Bewegung wurde, war der Friedhof geplanten Neubauten und Straßenführungen im Wege. Der Kriegsausbruch verhinderte seine Auflassung. 1944, als das Bombeninferno über München hereinbrach, wurde er nicht davon verschont. Für die Toten wurde der Friedhof gesperrt und ein zweites Mal seine Beseitigung erwogen. Erholungsstätte seitdem, auch für mich.

Ich will den Riß nicht vergessen, der nach dem Tod meiner Großmutter mein Leben durchzog. Ich übe täglich, nicht anders als jene alten Frauen auf dem Weg zu irgend-

einem der längst aufgelassenen Gräber, Gießkannen in den Händen, Pflanzentöpfe, Schäufelchen, den Kindern ähnlich, die dort spielen. Buben begraben einen toten Vogel, eine kleine Leich. Formen ein Kreuz aus Zweigen, stecken es in die Erde. Der kleine Pfarrer, der die Grabrede hält: »Er wird weiterleben.« Floskeln als Herausforderer des Todes. Der Versuch der Würde in jungen beweglichen Gesichtern. Trauerposen, Blicke von unten nach oben wie bei Ministranten. Ich frage nach der Todesursache, der »Pfarrer« sagt mit betrübtem Gesicht: »Vergiftet.«

Läufer, spielende Kinder, Sonnenhungrige, Skifahrer, Rodler, Feste Feiernde, Picknicksüchtige, Studierende, Liebende – der Friedhof als Bühne des Lebens. An den Bäumen Wohnungsgesuche, Partnerwünsche, Suchanzeigen für verlorene Katzen. Jogger, die ihre Rennstrecke auf dem Friedhof verlängern wollen. Hakenschlagende Nonnen auf dem Weg zur Kirche. Zwei Leihmütter mit ihren fünf Kindern. Kindergartenzöglinge in vier Dreierreihen, sich an den Händen haltend. Die Verrückte, die mit dem Schirm den Efeu zerfetzt und den Müll sorgfältig auf den Wegen verteilt: »Dreck zu Dreck!« Der Obdachlose, der um sich schlägt. Der Arbeitslose, der über Gräber springt. Bocciaspiele der Penner. Der Mann aus Zwickau, der über dem offenen Feuer sein Kotelett auftaut. Die ungeheuren Krähenschwärme, die jeden Morgen ausrücken, um die Abfallkörbe zu leeren und den Müll über die Gräber zu streuen. Der Friedhofswärter, der mit eigenen Konstruktionen ihnen ein Schnippchen zu schlagen versucht.

Was lebt, tröstet. Was sich bewegt, wird getröstet. Erholung für die Hinterbliebenen. Schul- und Photoklassen. Der Friedhof als Freilichtmuseum und Kunstobjekt. Ein Fernsehteam, der Kameramann eine Schauspielerin um die Marmorstatue drapierend.

Der schmale Schatten Wolfdietrich Schnurres über einem verfallenen Grab. Für mich wohnt er zwischen diesen bemoosten Steinen. Er hat die schwachen, verkümmerten Arme, bleich wie Schattentriebe, auf den Grabrand gestützt und winkt mich mit einer Kopfbewegung heran.

Schnurre und ich, kurz vor seinem Tod zusammen eine Portion »Essen auf Rädern« verzehrend. Ein kümmerliches Leben zuletzt, Schriftstellertod, ein fast schon verabschiedeter Mensch: »Hatte so oft von so vielen Abschied genommen, daß er bereits Abnutzungserscheinungen zeigte. (An Händen, Hutrand, Gesicht.) Und deshalb jetzt nicht mehr die Kraft, nun auch wirklich zu gehen. Wurde schließlich von all seinen Freunden, Bekannten gehaßt. Denn er hatte ja ein Versprechen gebrochen; das Versprechen, sich nun endlich davonmachen zu wollen.«

Seine Worte. Sein Lächeln. Nun, er hat es geschafft. Langsam geh ich nach Hause. Ich räume meine Tasse in die Küche. Ich stelle das Geschirr in die Spülmaschine. Ich gebe dem Basilikum frisches Wasser. Was man so tut, wenn man an jemanden denkt.

Geflügelte Gefühle

Da kommt der schwarze Wagen
Das Pferd, das geht im Schritt
Und wer allein nicht laufen kann
Den nimmt der Wagen mit.

Inge Müller

Fürs Gröbste habe ich den Nordfriedhof, mit dem Rad eine halbe Stunde von meiner Wohnung entfernt. Dort liegt meine Großmutter begraben, die nicht nur im Tod, sondern auch im Leben meiner Unsterblichkeitsgläubigkeit empfindliche Stöße versetzte. Der Nordfriedhof steht an: immer dann, wenn ich an einem Zuviel an Hoffnungen leide, an Mißtrauen, täglichen Hintergehungen, mit mir selbst betriebenem Schwindel, all dem, was mir das Leben oft schwer macht, das Fleisch, immer wieder das Fleisch. Mein Regulativ, mein Erzieher, meine Zuflucht, die Stätte meiner Himmelsreisen und Reinigungsphantasien. Geknickte Rosen für die Lebenshungrige.

Kaum bin ich durch das Tor getreten, von seinen Mauern umschlossen, fühle ich, wie mich Besänftigung und Ruhe überkommen. Phantome schwinden, die ich später leider wiederfinde: Unruhe, Unsicherheiten, Zerrissenheit. Das dunkle Ohr des Friedhofs hat sich aufgetan, und ich flüstere ihm alles ein: Selbstverleugnungen, Geheimnisse, Verrätereien, Niederlagen, Freuden, Täuschungen, Ängste, alle Verwundungen und Entstellungen, bunt durcheinander, den ganzen Seelenwust. Was soll das alles? Wozu habe ich mir Sorgen gemacht? All diese Probleme, wozu? Diese Konzentrationen, diese Härten, diese organisierten Arbeitstage? Dieses ständige Jagen durch die Städte, durch Bibliotheken, Archive? All diese Versuche, mich zu profilieren, zu formulieren, zu kämpfen, wozu?

Der Lärm der Straßen gleitet von mir ab, die Stacheln zerbrochener Beziehungen, das gekünstelte Konkurrieren, die ständigen Anfeuerungsrufe an mich selbst verlassen meine Seele. All diese Dinge zählen jetzt nicht, nicht die Triumphe, nicht die blaugeschlagenen Augen, nicht die Ungerechtigkeit. Ich bin umschützt, umhegt, befriedet. Es gibt nicht mehr diese Bilder der Perfektheit, denen ich folgen muß, mit zusammengebissenen Zähnen. Ich bin in einer trostreichen Welt, in der Abgeschiedenheit der Knochen und Insekten. Einem Ort ohne Telephon, U-Musik, Popcorn und Zigaretten. An seinen paradiesisch blühenden Ufern werden alle Kümmernisse überflüssig. Hier gibt es keine Verleger, keine Ehemänner, keine Ehrgeizlinge im Lebensgeschäft. Nur gelegentliche einsame Flüchtlinge wie mich – Beobachter, Flanierer, Tagträumer. Ein Teil meines Lebens ist während dieses Spaziergangs abgeschlossen. Alles andere ist Vorleben. Im Augenblick gibt es keinen Grund, warum sich das ändern sollte.

Der Zufluchtsort meiner Kindheit, der Zeit meines Heranwachsens, der Zeit meines Alterns, andere Vergnügen konnten ihn mir nie rauben. Ort der Einkehr und

13

der Unwiederbringlichkeit, nirgendwo wird mir das so bewußt.

Der Ort meiner Spaziergänge zusammen mit meinem Liebsten, der Ort unserer Rendezvous, nun, da wir damit aufgehört haben, wimmelndes Treiben um uns herum zu lieben. Da wir es schöner finden, uns in Ruhe, nicht im Verkehrsgebraus, zu unterhalten, über das Leben, über den Tod, von seinen Versatzstücken umgeben, aus denen wir unsere befristete Liebe bauen. Der Ort unserer Verabredung mit verstorbenen Freundinnen und Freunden, mit Bekannten und Verwandten, mit Politikern und Philosophen, der Ort unserer Vergangenheit, mit der wir leben. Der Schlafplatz bewunderter Schriftsteller und Künstler, die in unseren Gesprächen wiederauferstehen. Hier heben wir Dinge aus der Taufe, hier haben wir sie wieder begraben.

Rasende Engel

Ob wohl die Toten im Grabe nichts spüren?
Ob sie nicht dürsten, ob sie nicht frieren ...
Ahnen sie nichts mehr von Freude und Trauer,
Sind sie so leblos wie Mörtel und Mauer,
Die ja, so meinte man, wie Wolke und Wind,
– Weiß man es wirklich? – empfindungslos sind.
Sehnen sich Tote nie mehr nach dem Einst?
Wissen sie gar nicht, daß Du um sie weinst,
Laut um sie klagst in den sternhellen Nächten,
mit ihnen bist in den finsteren Schächten,
Wo sie nun liegen mit Erde und Wurm.

In meinen Träumen läutet es Sturm,
Schlägt's an mein Fenster, rasselt's an Türen.
– Ob wohl die Toten im Grabe nichts spüren?

Mascha Kaléko

In manchen Augenblicken größter Zerrissenheit geschieht es, daß mir der Friedhof seinen mütterlichen Schutz verweigert, wie andere auch, an die wir zu heftig appellieren. Meine Ängste bedrohen mich, eine Qual, die sich von Zeit zu Zeit wiederholt.

Ich bin so zerstreut, daß es mich am Grab meiner Großmutter vorbeiweht, Grab Nr. 984, Abt. 51, Nr. 14 ... Diese vertrackte Friedhofsordnung mit ihren uniformen Gräbern und Schrebergärten, durchzogen von schnurgeraden Pfaden mit knirschendem Kies, entpuppt sich als ein Irrgarten, der mich diesmal nur noch weiter von mir entfernt. Nie, so

meine ich dann, wird es zwischen dem Friedhof und mir Frieden und Besänftigung geben, nie wahre Freundschaft und Geborgenheit! In mir dieses Zerren, demütigend und niedermachend, nur dazu da, mir zu zeigen, daß ich stets den alten Menschen mit mir herumschleppe, daß es keine Erlösung gibt. Ich verzettele mich vor Angst und Schrecken und fluche vor mich hin, mit einem Stich im Herzen.

An eine Himmelsreise ist an solchen Tagen nicht zu denken. Von rasenden Engeln verfolgt, laufe ich über die Gräber, mit Blut in den Leinenschuhen. Ein Ort dunkler Geheimnisse, versperrter Türen. Böse Engel verständigen sich auf geheimen Wegen, locken mich und werfen sich die Schlüssel zu. Ich kenne meinen Weg nicht, nicht das Heute, nicht das Morgen. Wie eine jener verdammten Seelen, die herumirren müssen, bis sie Erlösung finden.

Ein Ort der Masken und Verkleidungen, durch tote Blätter ersetzt. Eine Stätte des Nervenkitzels und der Einsamkeit, ein Ort der Widersprüche meiner Existenz. Kinderskelette, Gebeine, verwesende Leichen, Totenvögel. Voll Panik laufe ich durch die Reihen, irregeleitet, von Seelen umkreist. Seelen, die immer noch weinend und klagend am Weihwasserbecken stehen, hungrig und verzweifelt über ihr vergeudetes Leben. Säufer und Hurenböcke, Willensschwache und Schläger, Scheue und Kraftprotze, Gewinner und Verlierer. Ich gebe ihnen Wasser, wedle über sie hin, reiche ihnen Gedanken, alles, was als Ersatz für Liebe dienen kann, hoffend, daß es hilft, ihnen und mir. Ich gebe ihnen eine Blume

16

und lasse sie auf ihre Gräber fallen. Ich säe Pflanzensamen. Keime der Hoffnung. Doch den Weg finde ich nicht.

Vorbei an Inschriften mit ihren Titeln, Ehrungen, Verheißungen und Hoffnungen. Wie geschieht das, diese Umformung in eine vorgestellte Geschichte? Kattun, Tweedstoffe, Silbertalismane, eine Spitzencorsage, geschlitzte Röcke, ein Dirndl, Schirmmütze, Jeans. Die Zimmer, das Mobiliar, die Vorhänge mit ihren Ornamenten, die Bodenvase, vertrocknete Rosen darin. Mobiles, ein spilleriger Nierentisch, eine Ledercouch. Nester, Besitz. Ich sehe das alles. Rieche Lavendelwasser, Parfum, Kernseife, das muffige Badetuch. Geld, Schließfächer, das fade, nicht einmal mehr sichere Glück. Ein Mercedes, eine Vespa, das protzige Motorrad. Teure Kreuze, teurer Marmor, schwarz, kalt und glatt. Pompes funèbres. Der Tod war immer ein Geschäft. Du zahlst, und du bekommst, was du verdienst. Mich verfolgen diese Stimmen, diese Klagen. Wenige hatten Vergnügen, wenige Lust. Ein bißchen Glück allenthalben. Ich beantworte ihre Fragen mit dem Zeigefinger auf den Lippen. Pssst. Still. Vorbei.

Besser Schluß damit. Ich reiche den Toten die Hand, ihre schmalen Finger liegen kalt in meiner Handfläche. Tote zu lieben ist nicht anstrengend, aber man fröstelt dabei. Ihre Mumien und Rüstungen, Ebenbilder meiner selbst. Auf den Steinstufen eine Engelsfamilie, der Vater hält einen Palmenzweig in der Hand, hoch erhoben. Der bebrüstete Engel hält ein Buch.

Endlich das Trillerpfeifchen meiner Großmutter, die mich ruft: »Dumme Kuh!« Genüßlich atme ich den Lavendelduft

ein, als ich sie endlich gefunden habe. Sie fertigt mich mit dem Blick einer Vorgesetzten ab:

»Nimm den Wedel«, sagt sie, »und befeuchte mir ein wenig die Lippen. Bei dir kann man pfeifen, stundenlang! Wie kommt's, daß du mich nicht fandest?« Sie sieht mich an, mit den Augen einer Schleiereule.

»Um die Wahrheit zu sagen, ich weiß es nicht.«

Protest gegen die ewigen Schatten

Klein ist, mein Kind, dein erster Schritt,
klein wird dein letzter sein,
den ersten gehn Vater und Mutter mit,
den letzten gehst du allein.
Seis um ein Jahr, dann gehst du, Kind,
viel Schritte unbewacht,
wer weiß, was das dann für Schritte sind
im Licht und in der Nacht?
Geh kühnen Schritt, tu tapfren Tritt,
groß ist die Welt und dein.
Wir werden, mein Kind, nach dem letzten Schritt
wieder zusammen sein.

Albrecht Goes

Nicht ohne Widerstände übte ich als Kind das Friedhofsgehen mit meiner Großmutter, die auf Friedhöfen zu Hause
war. Sobald sie einmal beschlossen hatte, daß es an der Zeit
war, mit mir auf den Friedhof zu gehen, nahm ihr Gesicht
eine unirdische Vorfreude an, sie wurde glücklich und
munter. Geschäftig und heiter summend präparierte sie,
was mitzunehmen war: das »Friedhofsbesteck« – Schaufel,
Harke, Beslein –, eine Brotzeit, ein Bier, ein Blumen-
stöckchen oder Kränzchen, ein Fläschchen mit geweihtem
Wasser vom letzten Sonntag. Und befreit, mich, das Kind,
an der Hand, flatterte sie mir voran, als sei sie froh, ihren
Geist bereits los zu sein.

Unser ritueller Gang führte uns auf den Nordfriedhof, wo

Opa unter einer siebenzackigen Krone begraben liegt. Wir fuhren mit der Straßenbahn und schritten durchs Friedhofstor, an der Aufbahrungshalle vorbei, nahmen den Weg durch den parkartigen Trauerhain. Wie ein trauriger Malefikant wurde ich hinter ihr hergezogen, ja geschleift, als ginge es zu meiner Hinrichtung. Damals konnte ich diese obligaten Friedhofsbesuche auf den Tod nicht leiden, diese erborgte Trauer, die mir auferlegt wurde, diese emotionale Anheizung, die modischen Hilfsmittel, deren Errungenschaft ihr konsumgieriger Geist für unerläßlich hielt. Diesmal war es ein soeben frisch auf den Markt geworfener Spray namens »Grabsteinrein«.

Die kleinen Ur-Anlässe, so nannte es Bloch. Sie waren es, die meine Großmutter jedesmal zu Tränen rührten. Eine Biene, die Opas Krone umsummte, ein Vogel, der aufflog, sobald wir kamen, und der von ihr sofort in seine Seele umgewandelt wurde, was sie so aufregte, daß ich Weihwasser auf ihre Stirn kippen mußte.

Doch ich greife vor, dieser Ritus gehört nicht verwässert. Erst einmal ging's zu »Ruthchen«, dem Kindergrab einer kleinen Nichte, um für sie um Gnade zu bitten. Dabei hatte sie, fand ich, doch alles, sie wurde rundum geliebt und vorgezogen, ganz im Gegensatz zu ihrer noch lebenden Schwester, die immer zu kurz kam. Ich haßte »Ruthle«, weil sie so fein raus war aus allem und so unverwundbar da ruhte, satt in Blumen gesteckt und weiches Moos gewickelt. Wie schwarze Wolken senkte sich die Eifersucht auf mein Gemüt.

Vor dem Grab von Ruthle war eine Bank, auf der ich mich mit meiner Großmutter niederlassen mußte. Wir blieben fast eine Stunde darauf hocken, als wären wir selbst zu Stein geworden, und ich vertrieb mir die Zeit damit, auf dem Boden nach Ameisen zu treten. Meine Großmutter sah dabei das Grab immer ganz fest an und bewegte die Lippen. Was immer sie mit Ruthle da zu bereden hatte, erfuhr ich nie, Tatsache aber war, daß sie mich dabei nicht bemerkte. »Jetzt geht es ihr besser«, flüsterte sie dann triumphierend, wenn sie sich endlich erhob, und sie zerrte mich davon, während ihre Brust noch bebte, ganz aufgewühlt vom Gefühl.

Unvergeßliche Besuche bei wortkargen Objekten. Wenn wir bei Opa anlangten, lächelte sie überirdisch und wurde ruhig und nachgiebig. Sie neigte den Kopf über den Ort, wo all ihre Triebe und Wünsche längst zerfallen waren, und betete. Ich tat es ihr gleich, auf der Hut, gewitzt aus Erfahrung.

Nach dieser kleinen Andacht zog sie ihr Friedhofsbesteck hervor und begann mit der Kosmetik. Erst bürstete sie Opas Ulanentschapka und striegelte den Haarschweif, dann harkte sie über seine Brust unter dem blauen Waffenrock und unter dem Arm. Dabei verständigte sie sich mit Opa auf geheimen Wegen und dingte mich für kleine Handreichungen.

»Staubwedeln über die Ewige Lampe! Das Rot ist mir ja ganz verdreckt! Den Docht schneuzen! Silberputzmittel auf die Lettern und fein poliert! Auf den Grabstein Grabsteinrein. Nachwischen, gut polieren!«

Ich, noch klein, das Gesicht ungeduldig verziehend, spitz-mausig, buntgesäumter Rock, Pferdeschwanz, Bergschuhe, weiße Socken. Griff zum Rosenkranz in Arbeitspausen obligatorisch. Dito Gebetsgemurmel. (Der Friedhof als Lebenselixier. Aus jener Zeit stammend eine Vorliebe für Natursymbolismus, Sonnenuntergänge, welke Rosen, morsche Bäume, Verschleierndes, in Gesprächen mit der Großmutter herangebildet, die einen deftigen Hang zum Morbiden besaß. Ihr Lieblingsbild, ein Photo: Uropa mit weißem Bart, sie, Kind, blond, Mittelscheitel, Haarschnecken, in der Hand die nackte Wahrheit eines Totenschädels.)

Von Todesverdrängung jedenfalls konnte bei meiner Großmutter nicht die Rede sein. Plaudereien, gespickt mit Geschichten von Freund Hein. Wie sie ihre Mutter gepflegt hat, ein Jahr lang, bis zu ihrem Tod. Wie sie gesagt hat zu ihrem Mann: »Tu was du willst, Ernst. Geh in die Wirtschaft und iß Leberkäs. Mach dir selbst deinen Kaffee. Geh ins Puff, wenn du nicht anders kannst. Gibt es denn Wichtigeres, als eine sterbende Mutter zu pflegen?«

So sagte sie mit maliziösem Lächeln, und doch war es das sensibelste Lächeln, das ihr je gelang. Und sie wunderte sich: Er weinte! »Ein Ulan! Ein Mann, dem der Kaiser die Hand geschüttelt hat!«

Merke: An die Toten muß nicht nur Zuneigung, sondern auch Putzmittel verschwendet werden. Irgendwie hat dieses Scheuern und Wichsen mit Gottes Ebenbild zu tun.

»Und jetzt oben wässern«, gebietet ihre Stimme.

Sie nimmt sich einstweilen den Bauch vor und harkt

seinen bemoosten Schoß, massiert seine Füße. Die gebotene Assoziation stellt sich prompt ein: meine Großmutter, hingebreitet auf dem Sofa nach dem Mittagessen, ich kitzle ihre Zehen. Ganz schlimm wird ihr Stöhnen, wenn ich sie zwischen den Zehen drücke.

Nun nimmt sie mir die Gießkanne grob aus der Hand, hebt sie an und läßt das Wasser auf seinen Bauch rauschen, in kühnen schrägen Schlenkern, als sei's ein klassizistischer Faltenwurf.

Ob's weiße, rote, blaue Särge gäbe, frage ich.

»Weiße ja, für die Kinderlein. Rote ab und zu, von einer Bruderschaft. Doch blau, daß ich nicht lache!«

Wir zünden das Ewige Licht an. In Gedanken intoniere ich aufmüpfig: »Ich bin von Kopf bis Fuß auf Liebe eingestellt.« Wieviel Widerstand in mir, wieviel Renitenz! Ich liebe meine Großmutter über alle Maßen, aber ich fühle mich auch dem Leben entrissen durch zuviel Beschäftigung mit dem Tod. Ihr ganzes Leben eine hartnäckige Freundschaft mit diesem Klapperknochengerüst, umwallt vom Nebel des Transzendenten. Wobei als Nebenprodukt eine Litanei der Ermahnungen mit abfiel: »Paß auf, sonst wirst du überfahren.« »Um Himmels willen, nasse Füße! Du holst dir ja den Tod!« »Sei still, mit deinem ständigen Geschnatter bringst du mich noch unter die Erde.« »Solange ich noch warm bin, kommt mir kein Mann mehr ins Haus.« Todesdrohungen als Alltäglichkeit, Leben, umgeben von diesem zähneknirschenden Skelett. Andererseits: Tote Fliegen, Würmer im Salat, derlei Kleinigkeiten brachten sie

beinahe zum nervösen Zusammenbruch. So löste die Anziehung des Todes in ihr mindestens ebenso viele Energien aus wie die Todesfurcht, und beides zusammen ergab eine Mischung, die sie zu großartigen Leistungen aufstachelte, mit denen sie nicht nur das Überleben der Toten, sondern letztendlich auch das ihrer Wenigkeit sichern wollte.

Dennoch, wie langweilig das war, dieses ständige Memorieren des Testaments, dieses Beschwören der Sterbesakramente, dieser Smalltalk über Versehgänge, Trauerkleidung, Gedenkmessen, Grabbeigaben, Sterbebildchen, Aufbahrungspomp! Wie seltsam: ein völlig dem Tod und dem Lebensabschied zugewandter Mensch, und doch voll Lebenslust.

Mein Lebenssinn jedenfalls fühlte sich unterdrückt, und ich dachte später an meine Großmutter, als ich das merkwürdigste aller Grimmschen Märchen las:

»Es war einmal ein Kind eigensinnig und tat nicht, was seine Mutter haben wollte. Darum hatte der liebe Gott kein Wohlgefallen an ihm und ließ es krank werden und kein Arzt konnte ihm helfen und in kurzem lag es auf dem Totenbettchen. Als es nun ins Grab versenkt und die Erde über es hingedeckt war, so kam auf einmal sein Ärmchen wieder hervor und reichte in die Höhe, und wenn sie es hineinlegten und frische Erde darüber taten, so half das nicht, und das Ärmchen kam immer wieder heraus. Da mußte die Mutter selbst zum Grabe gehen und mit der Rute auf das Ärmchen schlagen, und das Kind hatte nun seine Ruhe unter der Erde.«

Ja, so würde es gehen: Noch über den Tod hinaus würde sie mich mit ihrem Memento mori quälen ...

Woher kommt bloß der Glaube an die Kindheit als sorglose, lichte und heitere Zeit? Wie vieles war dunkel, undurchdringlich. Und wenn ich versuchte, das Leben vom Grab aus zu sehen, so unendlich schwer, nie ganz zu fassen. Jeder Tag machte einen neuen Verlust sichtbar, ein Weggehen, ein Entschwinden, einen Zerfall. Jeder Friedhofsgang, den ich mit meiner Großmutter absolvierte, ließ mich etwas anderes sehen, etwas verlieren, und jedes Graben in der Erde über Opas Haupt lockerte auch meine nur scheinbar feste Verwurzelung.

Sozusagen das Salz in der Suppe des Lebens meiner Großmutter: der Tod, er würzte all unsere Gespräche. Grabearbeit an Opa, während sie mir vom Telephonat mit dem Fräulein des Bestattungsinstituts »Friede« erzählte, mit der sie heftigen telephonischen Umgang pflegte. Sie beschwerte sich, daß sie für ihre Bestattung noch draufzahlen müsse, weil die Kosten sich erhöht hätten, und dies nur, weil sie noch lebe: »Gerade jetzt, wo mein Todesfall doch ganz nah ist, alles was recht ist!« Ratlos starrte ich, mit angenagten Lippen, auf das geblümte Häuflein Opa, wenn sie mir, ganz findige Witwe, meine Zukunft abnahm: »Wenn du willst, kannst du noch oben drauf!« Leibeigenschaft bis über den Tod hinaus. Ganz zu schweigen von der täglichen Probe für den Ernstfall, dem »Durchgehen« der »Grabakte«, dem Referat über die Formalitäten, dem Blättern im Ordner des Bestat-

tungsinstituts. Die Plastikordner mit dem werben-
den Emblem eines Sarges, über den drei Flammensäulen
hochragen, wegzuwerfen, kann ich mich immer noch
nicht entschließen. Überirdisches Glücksgefühl, sobald
sie mich endlich das Grabbesteck einpacken hieß, nichts
wie fort: »Lauf nicht so schnell! Ich komm' nicht mehr
mit, schon mit einem Fuß im Grabe! Und kurz noch zu
Ruth!«

Noch einmal andächtiges Verweilen, da gab sie nicht
nach. Noch einmal die Geschichte von Ruths Lieblings-
pferd, auf den Grabstein geritzt. Das Kind ist zu schnell
geritten, meine Großmutter hat sie gewarnt, nun ist sie tot.
Einst unter Bergen von Grabbeigaben begraben, Halfter,
Sattel, Zaumzeug, Satteltaschen, leuchtet die wundersame
Ruth unvergessen. (Eine Übung in modernen Sterbekursen,
geschaffen, um den Todestropf zu bekehren: »Versuche dir
klarzumachen, welche Spielsachen du mit ins Grab nehmen
würdest.« Die Todesreife des französischen Schriftstellers
Pierre Loti, der auf der Île d'Oleron seinem Wunsch gemäß
mit seinem Schäufelchen und Eimerchen aus seiner Kin-
derzeit begraben liegt.)

Vom Einnähen in einen Hanfsack und ab, sarglos ins
Grab, sind wir weiter denn je entfernt. Grabbeigaben sind,
trotz beharrlicher Ablehnung des Jenseitsglaubens, heute
wieder en vogue. Nicht nur das konventionelle Arsenal,
Schutz und Glaubensnachweis zugleich, all diese zise-
lierten, geschnitzten, geformten und gemalten Dinge wie
Sterbekreuz, Rosenkranz, Medaille, Skapulier, Wachsstock,

Heiligenbildchen oder Priesterkelch. Ein Einsarger aus München spricht von einem Heer von Sportutensilien, Tennisschlägern, Angelhaken, Bergschuhen, Motorradhelmen, von Familienphotos, Ketten, Ringen, Spiegeln, Büchern, Teddybären und Puppen, Bibeln und Kelchen. Die Lieblingsobjekte der Verschiedenen, deren Mitnehmen genehmigt und in einem Buch eingetragen werden muß.

Eine Frau aus Mühldorf hat die Feldpostbriefe ihres heimgekehrten Sohnes in ein Kissen genäht und wartet auf die köstliche Stunde, da sie endlich den Kopf auf diese Briefe betten darf.

Ich glaube, daß die Anwesenheit einer Schar von Toten den Menschen müde macht. Ich habe dem Ganzen längst zu viel Ehren bezeugt und will endlich nach Haus. Doch meine Großmutter fordert: Nur noch einen kleinen Abstecher zum Grab der »Austräglerin«, einem einfachen Grab mit einem schmiedeeisernen Kreuz. Der Tod setzte ihrer Armut und Not ein Ende: sie starb an Hunger, mutterseelenallein.

In dem Augenblick, da wir den Friedhof verlassen, schäme ich mich meiner Hast. Ich bin wieder voll Fügsamkeit und lächle meine Großmutter werbend an. Unvorsichtig beginne ich angesichts eines versprochenen Eises zu strahlen.

Kaum daß sie dies sieht, sagt meine Großmutter: »Man möcht's nicht glauben, was die Menschen es heute eilig haben, vom Friedhof wegzukommen, doch kommen sie alle wieder da hin.«

Ich helfe mir durch Weghören und schubse meine Großmutter in die Straßenbahn.

Damals hatte ich meine Zukunft noch vor mir, sie ist recht schnell vergangen. Kurz darauf ging schon mein Sohn mit meiner 90jährigen Großmutter auf den Friedhof hinaus, sein Leben hatte gerade erst begonnen. Bis sie starb, mit 94 Jahren. Doch nun die Schlußfolgerung daraus zu ziehen, daß ihr Tod ihn ein für allemal vom Friedhof ferngehalten hätte, wäre trügerisch: per Zufall habe ich entdeckt, daß er ab und zu hingeht, nicht anders als ich.

Kindergräber

Der Raum, der ihrem Tod gegeben wurde,
ist nicht groß.
Wie klein ihr Leben war, so ist ihr Tod.
Die Kinder, die hier liegen, rasch vergehend,
schneller als große Tote, weil die Verwitterung
wenig Speise findet,
stoßen mit Kopf und Fuß an dunkle,
nie durchspielte Erde an.

Von welchem Kinde weiß man,
daß es hatte bleiben wollen,
von welchem nicht? Und welches wich dem
Leiden aus
in allzufrüher Klugheit?

Walter Bauer

Wie oft habe ich seit den frühen Besuchen bei Ruthle Kindergräber aufgesucht! Ihre Kleinheit und Abgelegenheit ziehen mich unweigerlich an, diese Zartheit eines Grashalms im Wind. Ich beuge mich zu ihnen herab, spreche zu ihnen und vertraue dem Gras meine Worte an, dem groben Unkraut über den kleinen Gräbern. Ich fühle mich hilflos.

Wenn es mir gutgeht, kann ich Kindergräber ertragen, wenn es mir schlechtgeht, tun sie mir weh, diese Wesen von verwirrender Zerbrechlichkeit, in einer entmutigenden Ordnung verloren. Sie weinen und schreien im Chor, eine Schar von durcheinanderwimmelnden kleinen Seelen, sie buhlen um meine Aufmerksamkeit, schubsen mich mit ihren Füßchen und rufen: Halt an, hör zu!

Warum sind sie so separiert in Ohlsdorf, abseits von den Erwachsenen, sind sie noch zu klein für die große Welt der Toten? Meine im Schnee sichtbaren Fußstapfen sind die einzigen weit und breit, die Schritte eines Eindringlings in ihre Abgeschlossenheit. Ein unstatthafter Einbruch in diese Brutkasten-Atmosphäre, unter einer tödlichen Friedhofsordnung begraben. Ein kleines Fahrrad auf einem Grabstein verspricht Anschluß an diese Welt, die es für den kleinen »Sonnenschein« nicht mehr gibt. Eingravierte Blumen, ein Tortengebirge, Halbrelief. Engelsflügel, ein Häschen, ein kleiner Pudel. Verspieltes, Kleinigkeiten, die in den Augen des Betrachters eine wehmütige Überkonturierung erfahren. Ich spüre den Schmerz der Eltern fast körperlich.

In der Mitte ein Hälmchen, eine im Unkraut hochgeschossene verwilderte Rose, manchmal ein vom Gärtner hingeworfenes Kunstblumengesteck, ausgebleicht von der Sonne und angenagt vom Vergessen. Und es gibt viele vergessene Kindergräber, wer weiß warum. Von Menschen, nicht von den Göttern verlassen.

Was war es für ein Schmerz, was für ein Erstarren! Was für eine Empörung, was für ein Zorn, welch eine Trauer, welch ein Kampf. Die Eltern sind ihren Schmerz nie losgeworden, deshalb haben sie ihn tief vergraben. Hier ruht er, der Tod von Vater- und Mutterschaft, der Glaube an die Wiedergeburt. Die Lüge aller Religionen. Die Erinnerung an die Geburt. Hier ruht der Schmerz, zu groß, nicht auszuhalten, mit Erde bedeckt. Sie haben gepflegt, gewaschen, gesäubert, verbunden, alles umsonst, in eine schwarze Zone geweht. All diese Kraft, die sie bei der Geburt des Kindes gewannen, hat sie verlassen. Sie sind zu schwachen, unwissenden Geschöpfen geworden, unendlich müde und erschöpft, unfähig, einen Blick dorthin zu werfen, wo die Kinder sich aufhalten, ausgesperrt.

Haben sie es nicht ertragen, dazustehen, mit leeren Händen, leeren Körpern, kinderlos? Haben sie, ehe die Zeit der Trauer vorüber war, aus Schmerz und Verzweiflung, aber auch aus Hoffnung und Trotzdem-Gesinnung neue Kinder gemacht? Hat nun das neue junge Leben das Andenken an die Verstorbenen verdrängt?

Über das Dunkel unserer Herkunft breitet sich Schweigen; über unseren eigentlichen Beginn wissen wir nichts. Wir umzingeln uns mit Fakten und Besitztümern, in selbstgeschaffener Ausweglosigkeit gefangen. Wollen den Raum nicht mit jenen teilen, in denen alles miteinander verschmolzen ist, Anfang und Ende.

Kinder haben es immer verstanden, so zu tun, als ob sie die Erde nicht spürten, und sie spüren sie auch jetzt nicht, vertrauen sich ihr ganz an. Kleine Unkrautgeviere, in denen es atmet und blüht, eine Ameise kriecht ein Stielchen entlang hoch zum winzigen, verwitterten Bären. Auf einem Grabstein in Form eines Herzens sonnt sich eine Eidechse, noch ein wenig steif, als ob sie soeben aus dem Mund eines erkalteten Kindes gesprungen wäre.

Versuch, die toten Kinder einzuordnen und sie über den Vater zu definieren: Man gab ihnen Berufe. Das Weinhändlerskind, das Kofferträgermeisterstöchterlein, der Arztsohn,

31

der Fabrikantensohn, das Brauereibesitzerskind, das Arbeiterkind, das Oberlehrerkind, das Turnlehrerkind, die Zwillingstöchter eines Gerichtsassessors, das Prokuristenkind, der erstgeborene Wiesenbaumeisterssohn, das Bergwerkdirektorskind, die Werkmeisterstochter, die »Töchterschülerin«.

Weißt du noch, wie du das erste Mal mich angesehen hast, mit jenem aus der Ferne kommenden verschwommenen Blick. Wie du das erste Mal den Ball umfaßt hast, weißt du das noch. Wie du dein Bein angesehen hast, zum ersten Mal, verwundert, wie ein eigenständiges Wesen. Wie du dich das erste Mal versteckt hast. Unser Mäuschen, unser Stummelchen, unser Pumuckel, unser Buzi, unser Sonnenschein, unser Häschen, unser Blümchen, Knäbchen, es hat sich immer so gern versteckt. Versteckspiel, das Spiel von Geburt und Tod. Das Kind hinter dem Vorhang, ein Spiel mit Dunkel und Licht, Geflimmer, Berührung, Stimmen. Ein spielerisches Herauskommen aus der Unsichtbarkeit, vom Traum in den Wachzustand. Nun hat das Kind ein für allemal seine Gestalt gewechselt, ist unauffindbar geworden, glitt vom irdischen ins überirdische Spiel. Das Engelsspiel.

Davor diese Bürde realer Einzelheiten, ein Unfall, eine Operation, Fieber, Schmerzen. All das, was uns bedroht, diese Ängste, diese Vorsicht, diese Aufregung, diese tiefe Angst hat tatsächlich ihren Grund gehabt. Nun gibt es keine Zukunft mehr, abgestorben der weiterlebende Teil von uns. Keine kleinen warmen Wonnen mehr, die von diesen winzigen Körpern ausgehen, keine Schreie der Verwunderung, kein kosender Zauber, der unsere Herzen sprengt. Wie oft haben wir ängstlich unser Ohr der kleinen Brust genähert, so unmerklich atmete das Kind, so unbeweglich ruhte es in seiner Wiege, eingerollt, abgesondert, unerreichbar, wie nun im Grab.

Kein anderer Tod kann mich derart irritieren wie der Tod eines Kindes. Dieses Gefühl der Ungerechtigkeit. Wir versuchen, uns mit der Verklärung des Todes zu helfen: Wen die Götter lieben … Die Besänftigung dabei: das Kind hat noch gefühlt, statt zu wissen; empfunden, statt zu kennen; losgelassen, statt zu halten. Nun müssen *wir* lernen, sie loszulassen, diese kleinen Wesen, für Großes bestimmt, oder wie die meisten von uns, für Schreibtische, Bürostuben, Fabriken, für die Straße, für Landarbeit, für ihre Familie. Statt dessen sind sie ganz Geviert, ganz Wildnis, Grabstein, verwitterte Schrift. Kein zorniger junger Mann steht vor seinen Eltern, keine aufmüpfige Tochter.

Ob hier auch ein kleines Teufelchen ruht, das sich nichts sehnlicher wünschte, als zu sterben, wie einst ich? Wenn meine Eltern wieder einmal meine eigentümlichen Impulse zu unterdrücken versuchten, warf ich mich auf den Boden und schäumte. Der kleine Teufel in mir schraubte sich zu ungeahnter Größe auf, ballte die Fäuste und schrie in kindlicher Wut: Euch werde ich's zeigen, wenn ich tot bin, auf der Stelle sterbe ich, sofort! Und Drohungen und Flüche ausstoßend, malte ich mir aus, wie sie alle an meinem Grab stehen würden, sich auf die schwarzbekleidete Brust klopfend, in Trauerraserei. Sie würden unter Tränen bereuen,

daß sie mir nichts als Regeln und Beschränkungen auferlegt hatten und würden geloben, mir künftig alles zu gestatten – leider zu spät.

Der Tod war damals so etwas wie ein kleiner bunter Luftballon, mit dem ich spielte. Ich stieß ihn hoch und fing ihn wieder auf.

Für mich war, mit vier oder fünf, sterben kein großes Problem. Als Tote würde ich überleben, soviel stand fest. Nein, das größere Problem hatten meine Eltern, mit ihrer Schuld und ihrem Zurückbleibenmüssen. Soviel wußte ich schon.

Kleine Krieger

*Wie kann eine Schwangere die Tageszeitung
lesen, ohne sofort eine Fehlgeburt zu haben?*
Guido Ceronetti

Schwer und weit ist der Weg zu den Kindermassengräbern,
doch ich entziehe mich ihm nicht. Immer wieder sind die
Zeitungen voll mit Kinderopfern – Bomben in Kindergärten,
Hungertode in Afrika, Leukämie in der Nähe der Atom-
kraftwerke. Ohne Sinn und Zweck sterben täglich Kinder.

Ich stehe vor den paar Kindergräbern in Ohlsdorf, neben
Chicago der größte Friedhof der Welt. Ich empfinde das
Schwindelgefühl ihrer nie ausgeschöpften Zukunft, ihres
kurzen, schmerzvollen Lebens. Sie nehmen Haltung an,
diese kleinen Krieger, um sich für mich bereitzuhalten.
Eingebettet in die »Krieger-Ehrenallee« liegen Victor, Va-
lerin, Edward, Josef, Johannes, Nikolaj zwischen den Soldaten der Roten Armee, die Juden waren und im Konzen-
trationslager Neuengamme in einer Massenexekution
erschossen und im Ohlsdorfer Krematorium verbrannt wurden. Säuglinge und Kleinkinder von Ostarbeiterinnen, die
in Zwangslagern bis zum Umfallen schufteten. Das Leben
der Säuglinge währte, die Daten geben es preis, nicht mehr
als zwei, höchstens vier Monate; sie starben alle im März
1944.

Ich stehe vor den kleinen Kreuzen und blicke sie an. Ich

gehe in die Hocke und zupfe an den Fleißigen Lieschen, für jedes Kind drei.

Vergeblich der Versuch, Kindermassenmorde zu begreifen. Bei dem Wort »Massen« reagieren meine Sinne wie betäubt. Die Friedhofsplaner nehmen uns diese Qual ab und machen aus hundertfünfzig Gräbern acht. Betrübte Menschen brauchen Ordnung.

Grausame Tage, hier auf Erden verbracht. Klein und verkümmert geboren, sind diese Wesen gleichsam immer kleiner geworden, lebensschwach. Kaum fähig zur Anstrengung des Trinkens, der Kopf zurückfallend von vertrockneten Brüsten. Magere, einsame Wesen, die ihre Mütter kaum sahen. Keine Nahrung, keine Kleidung, keine Luft, kein Licht. Keine Sonne, keine Blume, kein Gras.

Am Ende nicht einmal Kinderschuhberge, ordentlich aufgehäuft.

Ein deutscher Soldat aus dem Ersten Weltkrieg, mit langem Mantel und Pickelhaube, den Kopf trauernd in die Hand gestützt, wirft seinen Schatten auf die Kleinen. Der Denkmalsgerechtigkeit ist Genüge geschehen. Was hat Gerechtigkeit auf einem Gräberfeld für eine Funktion?

Ich achte darauf, nicht auf den Schatten zu treten.

Das Nonnensärglein

Jedes Tierlein hat sein Essen
Jedes Blümlein trinkt von Dir
Hast auch meiner nicht vergessen,
Lieber Gott, ich danke Dir.

Mit diesem Spruch auf dem kippenden Kreuzchen über
einem Kindergrab in Ohlsdorf verbindet mich die Erinnerung an das Tischgebet meines Sohnes, im Kindergarten
gelernt. Die verwaschenen Lettern ziehen mich mit aller
Macht an und führen mich in jene Zeit zurück, als mein
Sohn und ich noch eine gemeinsame Sprache hatten. Wir
haben sie verloren, und ich weiß, daß es ein falscher Trost
ist, die Zeit dafür verantwortlich zu machen, den Abnut-
zungsprozeß des Lebens.

Der Mensch. Die Anfänge des Lebens. Diese zahlreichen
apokalyptischen Ängste, die damals in mir wuchsen mit der
Frucht. Meine Kampfansage an diese Angstgefühle. War
ich wirklich bereit, Leben zu geben, um es dem Tod zu
überantworten?

Wie versöhnlich dagegen die Geburt! Ich erblickte meinen Sohn wie durch einen Nebel und konnte doch die Ein-
dringlichkeit seiner kleinen Erscheinung spüren. Erste
Witterung für die Aura eines Menschen. Seltsames Schwindelgefühl, als ich sein rosig werdendes Gesichtchen sah,
seinen runden Kopf, den winzigen Körper. Als sei ich mir

37

selbst abhanden gekommen. Ein eigentümliches Fortgleiten, wie ich es kenne, wenn mich eine Erfahrung an etwas vermeintlich bereits Erlebtes gemahnt. Wie ein kurzer Tod, ein Schwinden meines Bewußtseins, ausgelöst durch die Wucht und befremdende Neuheit einer durch mich in die Welt getretenen Existenz. Als hätte mir das Erscheinen dieses neuen Menschen auf der Erde meine eigene Sterblichkeit bewußt gemacht.

Dieses Ineinanderdringen von Wirklichem und Unwirklichkeit erinnert mich an meine frühe Zuneigung für Schneewittchen, meine erste Einübung in den Tod. Die Anziehungskraft, die dieses Märchen für mich hatte, hatte sicher auch mit seiner phantastischen Aufhebung des Todes zu tun. Also gab es keine unwiderruflichen Gesetze. Leben und Tod waren eine ununterbrochene Verwandlung, wechselten einander ab. Der Tod war wiedergutzumachen, man mußte nur wissen, wie.

Ebenso tröstlich war meine erste Erfahrung mit dem Kasperltheater, wenn der Knochenmann heimtückisch hinter dem Kasperl auftauchte und ihm eins mit der Sense überziehen wollte, vom Kasperl mit einer Keule bekämpft. Wobei zu meiner Belustigung der Kasperl vorgab, nicht zu wissen, mit welchem Gegner er es zu tun hatte. (»Kinderkinder, is' der mager! Und keine Haar auf dem Kopf!«). Bis der Kasperl, der dem Tod unverdrossen auf den Schädel schlug, ihn kurzerhand um einen Kopf kürzer machte, schließlich gar mit diesem klappernden Rund Fußball spielte. Er tat es so bizarr und gebrauchte die schaurige Kugel mit solcher

Verve, daß er sie in den Himmel schleuderte, wo ihr Echo scheppernd verklang, allmählich im Nichts verhauchend.

Später, ich war vielleicht fünf, ertappte ich meine Großmutter, die so allerlei aparte Objekte um sich versammelte, dabei, wie sie einen kleinen Spielzeugsarg lange und liebevoll in der Hand hielt und musterte. Sie behauchte und putzte es, sah das Betrachtungssärglein lange Zeit an, ohne sich zu rühren. Auch als es schon stockdunkel geworden war, saß sie immer noch da und blickte es abwägend an, als stimme sie mit ihm Bedingungen ab. Schließlich stellte sie es auf die kleine Kommode und faltete die Hände, wobei ihr Blick etwas Wäßriges bekam.

Es war mein Traum, dieses Mementosargerl aus dem Grödner Tal, wo sie zweimal im Jahr, zur Baumblüte und zur Weinernte, Ferien machte, zu besitzen. Am Ende schwätzte ich es ihr ab, dieses Meditationsobjekt, mit dem sie sich die Vergänglichkeit so handgreiflich vor Augen hielt.

Endlich damit allein, die Backen mit Kuchen vollgestopft, untersuchte ich es genau. Es war eine billige Kriegsausgabe, weder aus Holz geschnitzt noch aus Wachs geformt. Aus der Nähe betrachtet, verlor es viel von seinem Reiz. Es war aus Karton mit schwarzem, an den Ecken abgestossenem Glanzpapier überzogen, mit Goldborten und einem aufgepappten Totenkopf in Gold verziert, von Nonnen verfertigt.

Erst hatte ich Angst, den Sarg zu öffnen, aber dann tat ich es doch. Da lag ein geschnitztes, grün bemaltes Skelett darin wie in einem Bett, mit Würmern, aus einer Leimmasse gebildet, überzogen.

Mit eisig gewordenen Händen und glühenden Wangen warf ich den winzigen Deckel zu, von Entsetzen geschüttelt. Der Sarg glitt mir aus den Händen und fiel auf den Boden.

Das Nonnensärglein war so häßlich, daß ich es nicht missen wollte, ich haßte seinen Anblick und wurde doch unwiderstehlich davon angezogen. Ich schrie in dieser Nacht, doch am anderen Tag verleibte ich es meinen Spielzeugen ein. In meiner Puppenküche erhielt es in einer Ecke einen besonderen Platz, zwischen einem winzigen, von der Decke herabhängenden Schinken und gestapelten Kohlköpfen in der Speisekammer. Und ab und zu spielte ich Begräbnis, nahm einen kleinen Karren, stellte den Sarg darauf, spannte zwei Holzpferdchen davor und zog ihn über den Boden.

Ich hatte mich schon ein paar Tage mit diesem Särglein vergnügt, da wagte ich es erst, das Geripp anzufassen und hob es auf, lüpfte das damastene Kissen. Darunter fand ich die Umschrift: »Schön war ich in dem Leben

Doch jetzt ist alles hin«,
den Rest habe ich vergessen.

Das Weinhändlerskind

Die Geburt eines Kindes ist die einzig wirkliche
Alternative zum Selbstmord.

Michail Epstein

»Wann kommst du? Bringst du mir etwas mit? Ich hab
nichts mehr zum Spielen …«

Jeden Tag, den ich in München bin, besuche ich das
»Weinhändlerskind« auf dem Alten Nördlichen Friedhof,
drei Minuten von meinem Haus entfernt. Die Augen des
kalten Kindes strahlen, wenn es mich kommen sieht,
Augen, die sonst leer sind, und ich sage es niemandem, daß
es die Augen eines zurückgebliebenen Jungen sind, kein
Wunder, bei diesem »Beruf« …

Was hab ich ihm nicht alles mitgebracht! Kleine Blumen,
kleine rote Herzen aus Wachs, kleine Wärmflaschen aus
Puppenküchen, die ich auf sein Herz unter dem Efeu legte.

Diesmal habe ich eine kleine eisgekühlte Kugel dabei,
keine Kerze, keine Laterne – ich habe gelernt, was es mag.
Es will nicht aufgetaut werden, es will kühl bleiben und
unberührt, es will nicht mehr leiden. Ach, es kam nie zu
Kräften, das arme Weinhändlerskind mit dem, ich muß es
zugeben, ein wenig zu großen Kopf, und die Mutter brach
bei seinem ersten Anblick in Tränen aus und verfiel in
Trauer, aus der sie nie wieder herauskam. Sie panzerte sich
mit einem Reifsaum um ihr Herz, die Milch gefror, die sie

41

in ihren Brüsten hatte. Die Hitze des Weinhändlers beleidigte sie, er betrog sie mit seiner Wärme, seiner Rotweinleidenschaft.

Eisblumen wuchsen auf ihren Brüsten. Die Temperatur des Weinhändlerskindes sank und sank. Die Fäustchen des Kindes wurden starr und eiskalt, seit Tagen hatte es nichts mehr getrunken, es trank nie gern, und nichts konnte es mehr erwärmen. Sie lief hinüber zum torkelnden, lärmenden Mann, der mit einer fremden Frau tanzte und trank, blutrot das Haar, blutrot die Wangen. Selbst schon erstarrt, setzte sie ihre müden Füße schwer auf den Boden. Mit heroischer Anstrengung gelang es ihr gerade noch, das Kind aus der Wiege zu nehmen und an ihre Brust zu betten, schon atmete es nicht mehr. Sie wollte mit ihm zusammen erfrieren. Sie zog ihm mit kalten Händen das bestickte Taufkleidchen an und krönte sein Köpfchen mit ihrem Brautkranz, bettete es ins Ehebett und legte sich daneben.

Sie fror zwei Tage im Bett, lag kraftlos da, wollte nichts essen, nichts trinken. Sie starb, da wog sie nur mehr 85 Pfund. Der Weinhändler bereitete den Leichenschmaus für Frau und Kind vor; es war Winter und auf den Straßen Eis; bis obenhin voll mit Wein, rutschte er aus und folgte ihr nach.

Weinhändlerskind, Weinhändlersgattin, Weinhändler, alle drei erfroren. Die Geschichte zu diesem Grab habe ich vor 20 Jahren mit Wolfdietrich Schnurre erfunden, als wir zusammen auf diesem Friedhof waren. Ein Friedhofsgänger auch er, doch hatte er kaum mehr die Kraft zu laufen: »Wie soll ich mich bloß davonmachen, wenn ich nicht rennen kann?« (Tatsächlich hat für mich Schnurre diesen Friedhof nie mehr verlassen.)

»Wann kommst du wieder? Was bringst du mir morgen mit?« Ich gebe dem Weinhändlerskind einen kühlen Kuß: »Morgen bekommst du ein Eis«, verspreche ich.

Radieschen von unten

Vielleicht werd ich plötzlich verschwinden
Weil die Luft nicht mehr reicht
Und nicht aufzufinden
Ist die Leich.

Inge Müller

Meine erste Tote mit fünf. Die »Wieneroma«, wie wir sie
nannten. Fraglos ungehörig, wie sie sich davongemacht
hatte. Sie nannten es »sterben«. Ein mir bislang unbekann-
tes Versteckspiel. Doch so sehr ich sie auch suchte, sie
blieb verschwunden.

Sonst alles noch da. Mein Großvater, der Vater meines
Vaters, benutzte nun ihre Dinge unverhohlen; obwohl sie es
ihm stets verboten hatte, ging er gar an ihre Marmelade. Mit
einem Mal würgte ich an der plötzlichen Fremdheit ihrer
Dinge, die etwas Grausiges angenommen hatten. Verwir-
rend auch die allgemeine Ratlosigkeit: wohin damit? (Je
geordneter man abhaut, desto weniger irritiert man die
Überlebenden.) Immer wieder dieses »Ich brauch's nicht,
nimm«, da eine Kette, dort ein Döschen, eine Tasse – das
war ein seltsames Gefühl der Aneignung und eine Ahnung
davon, was unser Leben ausmachen kann.

Sie haben damals direkt neben dem Friedhof gewohnt,
meine Großeltern väterlicherseits, in Bad Goisern, gegenüber der Kirche, in einem Heim. Wir waren von Berlin in

ihre Nähe geflüchtet, weil sie schon alt waren. Ich erinnere mich an unsere Besuche, bei denen ich Fremdheit und Ehrfurcht empfand, ein gewisses Schaudern wegen ihrer Blindheit, die mich ängstigte und faszinierte.

Ehe ich Vertrauen in die »neue« Großmutter fassen konnte, starb sie.

War sie je real gewesen? In jenem Sarg, den wir zu Grabe trugen, hatte sie sich verkrümelt und verdichtet, ein geisterhafter Schatten. Wie seltsam diese umständliche Art der Verkleidung war! Noch nie hatte ich jemanden gesehen, der Kastenform angenommen hatte, um sich zu verstecken. Meine Mutter berichtete etwas von Seelennebeln und wie man sich himmelwärts darin auflöst, so daß mir die Wolken wie ein einziges Grab erschienen. Ein merkwürdiger Aggregatzustand, als ob der Mensch aus Wasser wäre, begleitet vom Dunst des Transzendenten. Taubenseelen, schwebend über meinem Haupt, unbegrenzt im Himmelslicht, Milchstraßen, gebildet in der Nacht.

Bewegte sich die Oma da drinnen nicht mehr? Und was war mit einem Wort wie Begräbnis oder Bestattung anzufangen, dem Wort Leichenschmaus? Ich fragte nicht direkt, aber mich umgaben doch unklare Ängste. Man hatte mich immer vor Feuer gewarnt, nun begann ich es fast zu verstehen: die Oma wurde verbrannt!

Kurz darauf der Opa, das war wirklich zuviel. Offenbar hatten die beiden irgendeinen Makel an sich, eine Art Krankheit, die sich fortpflanzte, eine Aura, ein Mal. Sie starben mit diesem Zeichen, vielleicht als Strafe. Hätten sie uns früher etwas geschenkt, hätte man sie verschont.

Ich trauerte noch nicht wirklich, dazu hatte ich sie nicht gut genug gekannt. Übrig blieb ein Heißhunger auf Nekrologie, ein Vergnügen daran, Geschichten vom Sterben zu vernehmen, von Leuten, die sich die Radieschen von unten besehen.

Warum pflanzte nie jemand Radieschen aufs Grab?

Meine unklaren Vorstellungen wurden durch den peinlichen Eindruck des ganzen Drumherums beim Begräbnis noch genährt. Betretene Stille, Magenknurren, Beten, ich muß Pipi. Die Qual meiner Blase. Im spannendsten Moment, als der Leichnam meiner Großmutter in einer Art Vase auf die Erde plaziert wird, hocke ich hinter einer Thuja am anderen Ende des Friedhofs und staune über die Mengen, die aus mir fließen.

Als ich den Leichenschmaus zu mir nehme, wird mir schlecht, schon vom Wort, vermute ich heute. Ich würge an einer scheußlichen Kriegsausgabe von Roten-Rüben-Salat und beschließe, niemals zu sterben.

Keine einzige Träne, soviel ich weiß. Doch als mir Jahrzehnte später ein Kettchen mit einem Herzchen, das sie mir hinterlassen hatte, in die Hände fiel, mußte ich heulen.

Alte Frauen

Es ist nicht weit zur Ewigkeit
Am Morgen ging er fort
Am Abend war er dort
    Bayerischer Marterlspruch

Die an Zauber grenzende Fähigkeit meiner Großmutter, auf dem Friedhof Freundinnen zu finden. Seitdem sind das erste, was ich auf dem Friedhof erblicke, Frauen. Nicht junge Frauen, sondern Frauen, die ihr Alter vergessen haben. Sie wissen nur, daß hier jemand liegt, den sie verloren haben, ein Sohn, ein Mann, eine Tochter, eine Mutter.

Sie haben den Tod nicht aus ihrem Leben verbannt, sondern leben mit ihm, mit täglich rissiger werdenden Händen, weißer werdendem Haar, gebeugterem Rücken, schwerer werdenden Körpern. Sie sticken nicht, sie stricken nicht, sie schleppen schweigend Gießkannen mit Wasser, das die Toten schweigend leeren. Ein wenig schnurrbärtig und melancholisch halten sie dann die leere Kanne in der Hand, ehe sie ihre Plastiktüte öffnen und sich den Kerzen, dem Weihwasser, dem Beslein zuwenden. Sie hassen überwucherte Gräber und lieben ordentliche kleine Zimmer mit geschmückten sauberen Wänden. Sie sind glücklich über diese tägliche Aufgabe, die ihrer harrt, weil sie das unentbehrlich macht. Nie im Leben würden sie einen Friedhofsgärtner an ihre Toten heranlassen, der ihnen die Besonder-

heit ihres kleinen Amtes streitig machen könnte. Sie kämpfen gegen jedes Hälmchen. Aschene Totenvögelchen, die auf krummen Füßen vor den Toten Wache halten. Und obwohl sie alt und sehr müde sind, beugen sie sich mit Fürsorglichkeit auch über fremde Gräber und pflegen sie mit.

Sie beißen in alte Brötchen und Uraltdauerkuchen. Den toten Seelen behagt solche Geisterkost. Ihr eigenes physisches Verdunsten, ihre erschlaffenden Muskeln ängstigen diese Alten nicht, nicht dieses Fleisch, dessen Lust es geworden ist, zu welken.

Ich sehe sie auf allen Friedhöfen der Welt hinter Grabsteinen und Thujen verborgen, wenn ich sie in flagranti mit ihren Toten erwische. Dunkle, gekrümmte Konturen, den Arm durch den Bügel einer Stofftasche gesteckt, pedantische und eifersüchtige Schatten ihrer Liebsten, nie am Ende ihrer Kraft und stets tatendurstig, wenn es um ihren Intimus geht. Und jeden Tag, den sie auf dem Friedhof verbringen, scheinen sie ein wenig mehr von unserer bewohnten Welt zu lassen und siedeln sich in jener der Toten an.

Das Fehlen von Lebensbindungen, der Verlust des Mannes, mangelnde Zielstrebigkeit. Ihre frühere Verwurzelung ist schwächer geworden. Sie haben es sich ein für alle Mal gemerkt, daß das Leben eine Wildnis ist, der Tod eine Leere, und keiner, der je zurückgekehrt ist. Sie haben gerufen, sie haben geklopft, sie haben gegraben, umsonst. Sie haben sich in den Schlaf geweint, sie haben gefleht nach einem kleinen, verstohlenen Zeichen aus jener Welt der Unsichtbaren.

Vorbei, vorbei. Übriggeblieben ist allein ihr Wunsch, eine Beziehung zu dieser Welt der Steine und des Zements herzustellen, die so trostreich sind in ihrer unerschütterlichen Gleichgültigkeit. Ich habe dort redselige und schweigsame Frauen kennengelernt, wahre Begräbnischronistinnen und Frauen, die nach zwanzig Jahren immer noch um ihren verstorbenen Mann weinen. Frauen, die einander trösten, und Frauen, die mit ihrem Tod kokettieren. Frauen, denen es immer kalt ist, und Frauen, denen es immer heiß ist. Frauen, die es schwer haben, die Zeit zu vergessen, in der sie jung und begehrenswert waren, und Frauen, die ihren fleischlichen Endpunkt längst erreicht haben. Frauen, die fegen und wienern, um ihren Toten die Gräber wohnlich zu erhalten, und Frauen, die den Toten in ihrem Inneren tragen.

»Man kann sagen, was man will«, sagt die Frau mit den vielen Fältchen im sonnengegerbten Gesicht, »er fehlt mir, fehlt mir, fehlt.«

»Ist es schon drei Jahre her oder mehr? Ich weiß es nicht mehr.« Die andere setzt die schwere, mit Wasser gefüllte Kanne ab.

»Wir sind alle auf dem Rad, das sich dreht.« Die Dritte, eine Frau eher bäuerlicher Herkunft, die älteste von den dreien, schiebt sich das Haar aus der Stirn. »Erst meine Eltern. Dann meine Schwester. Schließlich mein Mann. Und dann bin ich dran.« Leises rhythmisches Klingeln. Ein

Sterbeglöckchen. Ein Trauerzug. Die drei Frauen stellen sich hinten an.

Witwen

*Der Tod hat dafür Sorge getragen, daß »sterben«
zur Gruppe der intransitiven Verben gehört.
Daher der verzeihliche Irrtum, er trete erst beim
Exitus in Aktion.*

Wolfdietrich Schnurre

Ihre Leben waren anders, ihre Gräber sind anders, die Gräber der Frauen. Sie starben mit kleineren Zeichen. Dem
Leben gegenüber Autodidaktinnen. Keine Titel, keine
Ehrungen, keine Verdienste. »Unsere gute Mutter«: eine
kurze, prägnante Geschichte. »Meine treue Frau«. Wiener-
te wütend das Schlafzimmer und rumpelte gegen die Wand,
als wollte sie sie niederreißen. Die vor dem Mann, vor dem
Leben, vor dem Tod.

Und dann?

Witwesein ist eine Disziplin. Für den Kluge-Goetze, das
etymologische Lexikon, ist die Definition der Witwe als
»Hinterbliebene« eine Selbstverständlichkeit. Vom Witwer
hingegen spricht man besser als »Überlebender«. Restfrau
und Siegermann. Fürsorgefall und Hochzeiter: der Witwer
macht eine bessere Figur.

Geschichtlich gesehen, hat man die Minderbehandlung
der Witwe kaum ernsthaft verändert. Die Gleichberechti-
gung bei den Witwenrenten wird nur halbherzig betrieben.
Zögernd folgen die Politiker der Forderung der Verfas-

51

sungsgerichte nach Gleichstellung. Jetzt reden sie sich mit dem generellen Mangel an Geld in der Staatskasse heraus. Weshalb sich das Abschiednehmen vom Leben bei Witwen auf einen längeren Zeitraum erstreckt. Was Wunder, wenn sie ihrem früheren Leben nachtrauern.

Die Nonnen auf dem Alten Nördlichen Friedhof, jeden Morgen drei. Blanke Gesichter, sichtbarer Mittelscheitel, Rest hinter Schwarz verschanzt. Fäden bis auf einen gerissen.

Armut, Keuschheit, Gehorsam. In Nachahmung des Mönchtums zogen sie sich, von Italien ausgehend, in Nonnenklöster zurück; das Damenstift ist eine spätere, adelige Form dieser Tradition. Das Tröstliche daran: nie mehr Veränderung.

Alles weggenommen, Gott hinzugesellt. Die Orden sind aufnahmebereit, gerade für Witwen, die Vermögen einbringen. Ein Leben der Treue, Schicksalshinnahme, Vertrauensseligkeit. Frauenviten: Lebensläufe beispielgebender, entsagungsvoller Frauen. Witwenwürde braucht Traditionslast. Auslöschung der Weiblichkeit. Neue Jungfräulichkeit. Pflichtgefühl.

Lauwarme Graupensuppe. Die Milch hat einen Stich. Die Nonne singt. Dann nimmt sie wieder den Spaten in die Hand, mit ihrer kräftigen, harten Gärtnerinnenhand beginnt sie zu graben.

Die Leichenbeterin

Bei der Geburt war jeder, was er war
Doch wer wurde dann, was er war?
Bianca Garufi

Reine Frauensache: der Aufbruch der Frauen in Toten-Berufe. Krankenpflegerin, Leichenwäscherin, Leichenred-nerin, Leichenbeterin, Leichenschmausschmarotzerin, Grabpflegerin, gar Bestattungsunternehmerin. Karrieren von böser Ironie. Produktionsstop und Stellenabbau von der Natur nicht vorgesehen.

Auf dem Münchner Nordfriedhof habe ich eine Nachfah-rin der Austräglerin getroffen, ein altes Weiblein, das sich als Leichenbeterin verdingt. Ihr Leben, eine Aneinander-reihung von banalen Nöten. Der Mann früh gestorben, kein Geld, kein Beruf. Solange sie konnte, hat sie sich als Küchenhilfe durchgeschlagen. Sie war immer eine Frau gewesen mit der hartnäckigen Gewohnheit, Geschichten zu erzählen, die sie sich in bitteren Zeiten zugelegt hatte. So wurde sie Zeugin, Zuschauerin, Statistin bei Begräbnissen. Der Friedhof als einziger Ort, wo sie sich angenommen fühlte.

Lebenshaltung: Einfühlungsvermögen. Gründliche Re-cherche: Studium der Todesanzeigen und der Anschläge in der Friedhofshalle. Totenwache und Vorgespräche mit der Leichenwäscherin, die die Tote streckt. Übernahme der

alten Rolle des Leichenbitters, der zu Begräbnis und Leichenmesse einlädt. Vergegenwärtigung der Gesichtszüge, der Stimme, des Lebenslaufs der verblichenen Person. Phantasiearbeit: Irrtümer, Ungeschicklichkeiten, Fehler, Vorzüge, Träume. Versuch, sich still und verläßlich im fremden Leben einzurichten. Guter Blick für frisch Trauernde, Freunde und Verwandte. Trauerhaltung, Händedruck, teilnehmender Blick, einfühlendes Gespräch, feuchte Augen.

So bereitete sie sich gründlich darauf vor, eine Vertraute des Toten zu werden und sich solide in seinem Leben zu Hause zu fühlen, wie man sich in einem fremden Quartier einrichtet, indem man seine eigenen Sachen dort ausbreitet, da ein Spitzendeckchen appliziert, dort ein Blümchen, eine Vase, ein Bild aus der eigenen Vergangenheit. Nichts war ihr so fremd, als daß sie sich nicht selbst in einem Teil darin wiedergefunden hätte. Die Fähigkeit zur Einfühlung hatte sie so gut trainiert, daß sie sich gar zur Freundin einer verstorbenen Calabresin hinzustricheln vermochte, von der begeisterten Verwandtschaft, die von einer deutschen Vertrauten nichts geahnt hatte, in Naturalien – wie früher die Leichenbeterinnen – entlohnt, mit Wein, Käse und Schinken.

Beim Besuch der Aufbahrungshalle hatte ich sie bereits zweimal gesehen. Es waren ihre Bewegungen, die mir aufgefallen waren, die Bewegungen einer Abschiedgewohnten, es war ihr Gewand, der schwarze Samtshawl mit den Sofatroddeln, das schwarz umrandete Taschentüchlein für die

Trauertränen, die souveränen und geschliffenen Beileidsgesten, dieses gekonnte Augenrollen. Sie schien sich geradezu an ihrer komödiantischen Kraft zu berauschen, Trauertechnik, aus dem Effeff beherrscht. Im Kontrast zu den erstarrten Hinterbliebenen kam das voll zur Geltung.

Als ich kurz darauf am Begräbnis einer Tante teilnahm, stützte sie fürsorglich einen Trauergast und schoß beim Leichenschmaus mit ihren frischen Geschichtlein über die Tote steil ins Kraut. Dazwischen allerdings zauberhafte kleine Beobachtungen, die ins Schwarze trafen – nur nachprüfen durfte man sie nicht. Ein Hühnchen, das munter an den Gräbern pickte, dort ein Körnchen, da ein Hälmchen, die guten ins Kröpfchen … eine Leichenstubenparze, die mehr als alle über die Tote wußte. Schließlich sagte ich ihr unter vier Augen auf den Kopf ihre Erfindungskraft zu.

Sie verwahrte sich nicht gegen meine Vermutung, sondern schmunzelte trollköpfig und zwinkerte mir zu, froh, auf ihre alten Tage endlich jemanden getroffen zu haben, der ihre Finten durchschaute. »Ach«, sagte sie, »diese Märchen kommen gut an. Vielleicht, weil die Menschen zu wenig voneinander wissen. Es tut ja niemandem weh. Wer zum Begräbnis kommt, will Geschichten hören. Wen stört's? Sie fahren nicht schlecht damit, unsere lieben Toten. Außerdem: meine Rente ist nicht hoch.«

Kriegerwitwen

Als ich meinem Mann die Treue schwor
Da dachte ich nicht dran im Moment
Daß ich ihn aus den Augen verlieren
Und sein Gesicht vergessen könnt.

Bertolt Brecht

Requiem für die Kriegerwitwen, diese grauen, unscheinbaren Personen, abgespeist und unterdrückt. Bei uns sterben sie einstweilen aus. Dafür wachsen sie in Tschetschenien, Kroatien und Serbien, in Afghanistan und Zaire nach. Die Witwen von Srebrenica, Hiroshima, Tschernobyl, Witwen der modernen Zivilisation. Verkehrstotenwitwen, Herzinfarktwitwen, Witwen des »nuklearen Holocaust«. Unsere Zeit ist eine Zeit der Todesvollstreckungen, der Verbrechen, Unfälle, Todesstrafen, Kriege.

Das Töten geht heute schnell.

Meine Erinnerung an eine Frau auf dem Soldatenfriedhof des Wiener Zentralfriedhofs. Eine alte Frau unter 7297 Toten, ganz allein. Heller Trenchcoat, beiger Hut, Kranz in der Hand, ratlose Miene vor glatter Erde. Ich konnte es sehen: die Zusammenballung sagte ihr nichts mehr.

Auf der Neuen Wache in Berlin die Pietà der Käthe Kollwitz überlebensgroß. Schreckbild oder Trost?

Unsere mordende, mörderische Gesellschaft verbindet alles mühelos miteinander. Kein geeigneteres Symbol als dies, um den toten Sohn, die trauernde Mutter als Lieferanten von Kanonenfutter sich dienstbar zu machen.

Denk-würdig: Sind Frauen Mütter im Dienst von Vaterland und Staat, um tote Söhne in den Armen zu halten?

Die schlafenden Schönen

Tod, kannst Du Dich auch verlieben?
Warum holst Du denn mein Mädchen?
Tod, was willst Du mit dem Mädchen?
Mit den Zähnen ohne Lippen
Kannst Du es ja doch nicht küssen.

Ludwig Gleim

Frauen als Dekoration. Ihre kauernden Körper, hingegossen. Um einen Stamm, eine Säule, einen Mann gerankt. Von Trauer gekrümmt, mit anmutig gebleckter Brust. Blumen in den Händen, welk, geraffte Tücher, Banderolen, Säuglinge. Das Haar zerrauft. Hingespreizt über ein Stück Linnen, einen Pfahl, einen Baumstamm, einen Sarkophag, hingeworfen über einen Schminktisch. Bildhauer aller Zeiten haben ihre Männerphantasien ausgelebt. Modellierten weißhäutige Windspiele mit edlen süßen Gesichtern, die zerbrechlichen Brüste dem Himmel entgegengereckt. Mittelmäßige dralle Dirnen in schweren Vorhängen aus faltigem Stoff, überreich, doch oben zu knapp. Aufreizend Unberührte, wie die Nackte in Ohlsdorf, die Rechte am Kitzler, aus einer aufgeklappten Muschel steigend, mit sahnigen Brüsten und Schenkeln aus Fondant, die mit den Unterirdischen kühle Beziehungen zu unterhalten scheint. Hohe schlanke Frauen mit nordisch-germanischen Zügen: die Blut- und Bodenfrau der NS-Zeit. Bubikopf, Seitenscheitel, Fetzengewand, unirdischer Blick. Der muskulöse hochstirnige Fackelträger daneben mit hochgerecktem Kinn hält sich parat. Nymphomanische Liebesdienerinnen in heiklen Positionen, von klatschnassen Gewändern umhüllt: in Stagliano bei Genua und in Mailand, auf dem Cimitero Monumentale. Bereitwillige Schöße, zerzaustes Haar. Körperkühle und ewige Ruhe. Die Marquise von O. mit Eisblumen auf der Brust.

Erkaltete Frauenbilder. Im Gefrierfach männlichen Denkens erstarrt.

Der umsichtigste Nekrophile ist verloren, wenn er nur ein einziges Mal seinen Blick über die Totenstadt von Staglieno schweifen läßt. Eine der pompösesten Nekropolen, unverwechselbar italienisch, an einem Ausläufer des Ligurischen Appenin hingestreckt. Ein steinernes Universum mit gepflasterten Straßen, die Toten in Häuser verbannt. Weißbrüstige Nixen, bemooste Marmorglätte. Der Blick des Italieners ist sinnenlustig und zärtlich zugleich.

Ruhelos eilt der Nekrophile von Gaukelbild zu Gaukelbild. Für ihn gibt es nur Verheißung. Erfüllung wäre bereits der Tod. Zärtlich fährt er mit der Zeigefingerkuppe über den Riß, tastet sich ans Abgründige heran. Erkaltete Brüste, starr ins Leere weisend. Todesfurcht und Sinnlichkeit.

Staglieno. November in der Luft. Altweiberfäden ziehen durch die Totenstadt, bleiben leuchtend an den Statuen haften. Der Kirche ist Gleichheit im Weg: Arm und Reich, säuberlich voneinander getrennt. Die achtlos in die Erde gesteckten Armen, abgegrenzt im kleinen Campo-Santo-Geviert.

Tatsache: bei den Reichen ist mehr zu sehen. Zwanzig Hektar seraphischer Skulpturen, und der Spaziergänger vergleicht die Schönen. »Wenn die nicht diesen Busen hätte«, sagt er vor sich hin, und ein wenig später: »Nein, also nein, diese Schenkel!« Zweimal hält er inne, dann geht er weiter, mit Gesten der Ungeduld. Vor all diesen Herrlichkeiten – steifen, traurigen Männern im dunklen Straßenanzug oder jenem Mann mit dem neumodischen Bürstenkopf, im Stehkragen, mit kleiner Fliege und Paletot – zieht der Todesflaneur ehrfürchtig den Hut. Die Damen vor ihren Sarkophagen scheinen sich auf geheimnisvolle Weise zu bewegen, sie drehen und spreizen sich, bieten sich an. Eine schließlich hält ihn, und er bleibt stehen.

Ihr schöner Körper ist nach vorn geneigt. Sie trägt einen schweren Kranz auf dem Kopf, goldenes Haar umrahmt ihr Gesicht. Flehentlich streckt sie ihre Hände nach ihm aus. Ein Tuch, herabgesunken, umschlingt im Faltenwurf ihre Füße wie eine Fessel. Sie verlor im angstvollen Todeslauf ihren Schmuck, ihre Handschuhe, ihren Hut, ihren Shawl. An ihrem Hals öffnete sich die Kette und glitt auf den Sarkophag herab, das Armband ringelte sich dazu, die Ohrringe. Sie hat sich völlig entblößt, nur steinernes Fleisch; drei Wachskerzen, riesengroß, weinen zu ihren Füßen, in hohen phallischen Ständern. Das Glas war ihr, vom Tod gewürgt, entglitten. Der Mann legt ihr leicht die Hand auf den Arm: »Was war in dem Glas?«

Sie schweigt, die Augen gesenkt. Nach einer Weile flüstert sie: »Warum?«

»Antworte mir.«

»Vitriol«, sagt sie leise und lacht, ihre Wange rötet sich nicht.

In den Riesengrabmälern oben am Hang ruhen die Geschäftsleute, die Künstler und Lehrer, die Politiker und Adeligen, in protzige Hochhäuser verdammt. Dagegen wirken die Monumente auf dem Pariser Friedhof Père Lachaise recht bescheiden. Exklusive Aussicht auf Genua herab, mit seinen Bogengängen, der Piazza de Ferris und den Albaro-Hügeln, umfächelt von klarer Luft, ab und zu ein Schiff im Hafen. Man ließ es in der Totenstadt an Bemühungen nicht fehlen, die Geographie Genuas zu kopieren, und das Erstaunliche ist, daß es gelang.

Millionärsvillen mit Blick auf jene, die in bescheidenen Reihengräbern nisten. Hier, am Rand jener Armen und Schwachen, liegt Giuseppe Mazzini begraben, jener Mann, der zusammen mit Garibaldi für die Freiheit Italiens kämpfte, als beabsichtige er, sich vom Niemandsland zwischen Arm und Reich aus des genauen sozialen Sachverhalts zu versichern.

Die Brezelfrau

Ich könnt' nicht sterben – mit dir –
Denn einer muß warten
Des Andern Blick zu schließen –
Du – könnt'st es nicht –
Emily Dickinson
übersetzt von Lola Gruenthal

Unter die Erfolgreichen und Reichen in Staglieno hat sich eine arme Frau eingeschlichen, eine der Ärmsten der Armen, die Brezelfrau aus Genua. Sie drang in diese Geisterstadt ein und stellte sich mitten unter die selbstsicheren Monumente satter Bürgerlichkeit, energisch und resolut.

Eine standfeste Person, auf kräftigen Beinen, unbemerkt und unbeachtet auch von jenen, denen sie einst Brezeln verkaufte, ihr einziger Lebensunterhalt. Eine dieser zugleich freien und listigen Frauen, die das Leben lieben, nunmehr ausgesöhnt mit dem Tod. Eine Frau mit frischem Gesicht, die, früh verwitwet, allein in ihrem bescheidenen Häuschen lebte, am Rande der Stadt. Sie hatte immer eine Neigung zu Friedhofsgängen und auf diesem Umweg auch zur Kunst. So besuchte sie Tag für Tag einen knabenhaften Luftikus, der in Staglieno lag, einen geflügelten jungen Gott, dahintreibend auf dem Schiff des Todes, ovale Lichtpünktchen auf den Marmorschultern wie Glühwürmchen in der Juninacht. Sie hatte viel an Zurückweisungen erlebt,

unsere alternde Prinzessin. Not, Hunger. Hatte in ihrem
Leben kein einziges Karamelbonbon gegessen, meist
weichte sie alte Brezeln in Wasser auf, versetzte sie mit
Zwiebeln, Knoblauch, einer Tomate, ein wenig Öl.

Sie verzog denn auch keine Miene, als dieser schöne
Junge in seiner Aura der Wohlhabenheit sie zunächst kei-
nes Blickes würdigte. Ihr war sofort klar, daß sie ihm nicht
gefiel, ihm mit seinem graziösen Titel und Namen. Doch
nach und nach taute er auf – aus Langeweile vielleicht.

»Ciao, mein Schöner, heute ist es spät geworden ...«

»Ich kenne kein Zeitgefühl, wozu auch. Nimm dein Tuch,
es ist kalt.«

»Es ist nicht kalt, es ist heiß, mein Kleiner.« Sie ordnet
die Blumen zu seinen Füßen.

»Wie geht's dir heute?«

»Wie immer, man stirbt vor Langeweile ...«

»Ich werde dir Gesellschaft leisten, mein Schöner, bald.«

Sie fegt über den Marmor zu seinen Füßen, auf denen Blü-
tenblätter liegen, bleich, gerollt, wie herabgefallene Fetz-
chen Haut. Ihr Schützling nimmt eine durchtriebene Miene
an, in seinen Augen funkelt eine heimliche Belustigung:

»Wie willst du das erreichen? Und was erhoffst du dir
davon?«

»Das laß meine Sorge sein. Ich werde es schaffen.«

Und zum Beweis klappert sie mit ihrem Beutel, den sie
immer bei sich trägt und der voll Münzen ist.

Der Junge verändert Stand- und Spielbein und stellt sich
aus, die Brust gereckt, mit aufsässigem Blick:

»Welchen Wert hat für dich so ein Monument? Es kostet den Preis deines Lebens.«

»Ich will nicht immer am Rand bleiben«, sagt die Brezelfrau, »unterjocht, ohne Ausdruck. Es ist schrecklich, nicht wahrgenommen zu werden. Es ekelt mich an, täglich auf diese marmornen Figuren zu blicken, die mich ein Leben lang daran gehindert haben, in eure Welt einzutreten. Wenn ich mir klarmache, daß diese Pracht durch die Arbeit meiner Haut und meiner Knochen zustande gekommen ist, überfällt mich die Wut. Wie komme ich dazu, immer die Standbilder anderer zu bewundern? Ich will mein eigenes Abbild, meine eigene Trophäe! Ich gebe nicht auf. Ich werde mein Monument erlangen!«

Die Brezelfrau hat es geschafft, die Reichen zu demütigen und sich unter sie zu stellen. Jede Lira hat sie zurückgelegt, um einen der besten Bildhauer zu bezahlen. Ihr glückliches Ende ereilte sie an jenem Tag, an dem sie dem Bildhauer die letzte Rate bezahlte. Sie starb, wie er sie abgebildet hat, in der Hand zwei Brezeln, umwunden von einem Rosenkranz. Von ihrem Sockel herab blickt sie befriedigt auf die Reichen, die sie nun zwischen sich dulden müssen.

Armengräber

Das Glück ist gut und fromm
gleich teilt es seine Gaben
den Reichen läßt es Furcht
den Armen Hoffnung haben.
Anonymer Grabsteinvers

Efeu, Halbschatten, flüsternde Stimmen: verwahrloste Frauengräber, in Ohlsdorf angetroffen, Dickichte einer autistischen Zeit. Schmale, unkrautbewachsene Gräber, entwurzelte Rosenbüsche, dunkle Wurzeln, die das Fleckchen durchziehen, wie sichtbare Adern auf der Hand einer alten Frau. Gewürgte Lettern, abgefallene Buchstaben. Achtlos in die Erde gesteckte kleine Tafeln: Schildchen mit dem Verfallsdatum. Wir bitten das Grab umgehend zu räumen.

Alte Menschen, allein. Verlusterfahrungen, die Zeit wird dünn, das Leben still. Sie fallen aus unserem Leben heraus. Sie treten, langsam geworden, zur Seite.

Sie sitzen abends allein in ihren Zimmern und frieren, die Hände um die mageren Beine geschlossen. Niemand, der ihre Hand streichelt, schmal, gekrümmt wie Zweige. Niemand, der an ihre Tür klopft, um ein paar Worte mit ihnen zu sprechen. Sie haben Sorgen. Sie haben Angst. Geldnot. Manchmal sehe ich sie, wie sie mit gesenktem Blick in die Bäckerei oder ins Gemüsegeschäft gehen und ihnen die Verkäuferin wortlos altes Brot oder Gemüse gibt. Sie stehen

an den Abfallkübeln und tasten nach Benutztem, Fortgeworfenem, dem, was noch übrig ist. Sie stehen auf Steinen, alten Stühlen oder löchrigen Matratzen und fischen mit einem Stock die Pfandflaschen wieder aus den Containern, die andere achtlos hineingeworfen haben. Sie bücken sich, um Bleistifte aufzuheben, eine Apfelsine, eine Zeitung, die anderen heruntergefallen ist. Die Beleidigung der Alten hat sie am empfindlichsten Punkt getroffen, dort, wo sie am verletzlichsten sind: an ihrem Stolz, der ihr Dasein zusammenhält.

Der Rückzug der Lebenden vor jenen, die alt geworden sind. Knappe Antworten in den Geschäften, man weicht ihren Fragen aus. Es fehlen Gefühle. Das Schweigen zieht Kreise, die immer enger werden und im Verstummen enden.

Aus dem Zusammenbruch verwandtschaftlicher und ehelicher Beziehungen wuchsen das verlassene Grab und das »Singlegrab«, die zwischen Abgründen zu schweben scheinen, umweht vom kalten Hauch der Verlorenheit. Unwiederbringlich Vergessene, Ersetzte, Ausgetauschte, nur zu ahnen das Ausmaß der Tragödie. Sterben im Altersheim, Sterben zu Hause, allein, von den Nachbarn nicht einmal bemerkt. Fürs Grab noch gespart.

Stille rundum. Ich bücke mich und reiße das Gras aus. Mehr kann ich nicht tun.

Die Passion der Fremden.

Die Frierenden aus dem Süden. Die verstümmelten, ihrer Lust beraubten Frauen aus dem Maghreb. Immigrantinnen aus aller Herren Länder. Die Verstossenen und Isolierten, verdammt zu einem Leben in Einsamkeit. Improvisiertes Leben. Nur ihre Arbeitskraft ist gefragt. Ausbeutung in Vielbettzimmern, Unterschlupf im Illegalen. Frauen, die eine andere Kultur in sich tragen. Leben zwischen zwei Welten. Nach dem Tod Armengrab. Sind Familienmitglieder vorhanden, engt dennoch die Andersartigkeit ein. Die Beisetzung der in Zaire geborenen Katholikin Augustine in Aachen »erfolgte nicht in Form eines ruhigen Trauerzuges, sondern tanzenderweise, wobei der Sarg mehrmals hochgeworfen wurde«, empört sich der Bezirksamtsleiter in einem amtlichen Protestschreiben, der seine Besorgnis darüber äußert, unfreiwillige Zeugen dieser ketzerischen Veranstaltung könnten infiziert worden sein.

Begräbnishygiene, Gängelung, auch für uns. Friedhofsordnung, die auch die kleinste Abweichung abtöten will. Deutsche Norm bis zuletzt. Andersartigkeit wird geächtet, bis über den Tod hinaus.

Todkranke Gesellschaft, die nicht einmal einen Gedanken daran verschwendet über den tiefen Sinn dieser afrikanischen Bestattungszeremonie: Hochheben des Sarges gen Himmel und hin zu Gott.

Gummihandschuhe. Spraydose. Ordnungsvokabular. Den toten Seelen ist Abheben vom Einwanderungsland nicht gestattet.

Die tote Mutter

*Lieber Gott, anstatt die Leute sterben zu lassen
und dann neue zu machen – warum behältst
du nicht einfach die, die du schon hast?*

Jane

Eine tiefe vibrierende Frauenstimme hatte uns gerufen, daß
wir ihr Grab unter Tausenden fanden, ihr Kommandoton,
der unmißverständlich und heftig war. Er kam aus einem
Brustkasten hinter zwei Riesenbrüsten, aus einem fleischi-
gen Mund zwischen zwei vollen Wangen in einem runden
Gesicht über einem kuppelartigen Körper: Sofort kommt ihr
her!

Wir blickten uns kurz an, uns vergewissernd, und spran-
gen auf. Nach ungefähr zehn Kilometern, die wir auf der
Toteninsel San Michele bei Venedig zurückgelegt hatten,
waren wir müde und hatten uns zu einer kleinen Rast am
Grabesrand niedergelassen. Eine Minute lang Stille, dann
wieder dieser Ruf, mit leidenschaftlichem Beben, von Zorn
durchsetzt, mütterlich anschwellend, ja aufgebracht. Und
obwohl wir keine Italiener sind, haben wir in der Tiefe
unseres Unterbewußtseins den unumstößlichen Befehl
sofort empfunden.

Wir folgten der Stimme schnurstracks, nicht anders als
jeder sonst in Italien, ob Mann, Kind oder Tochter, denn
wenn Geister rufen, darf man nicht lang überlegen. Gehor-

sam überquerten wir die zementenen Straßen und kletterten über die Gräber.

Da saß sie. In Gestalt eines riesigen schwarzen Steins, das Ganze ein Trumm. Darauf dicke goldene Lettern, Buchstaben wie Leuchtspurgeschosse, nur fünf: MAMMA! Ich sehe sie vor mir. Mitte fünfzig, Nachthemd mit Spitze, bis zum Hals geschlossen, sie stützt sich mit dickem Finger das Kinn. Kleiner Schnurrbart, graumeliertes Haar, massiver Körper mit kräftigen Rundungen. Auf dem Nachttischchen mit Samtdecke die Bibel mit Goldprägung auf dem Rücken.

Mamma! Der Urschrei des Italieners, in der Ödnis des Lebens verhallend. Der Ruf nach Besänftigung, Zärtlichkeit, Milch, mütterlich fließenden Tränen. Eine Medizin, einzunehmen bei Kinderschreien, beunruhigenden Träumen, Hunger, Schmerzen, bluttriefendem Bein. Schrei von Tausenden im Krieg, wenn sie Todesfurcht überkam und eines der wenigen Dinge, die ich als Kind vom Krieg verstand. Mamma! bei Verwundungen, Amputationen, dem Todeskampf. Diese vielen Briefe nach Hause, diese Hilferufe, Sehnsucht nach Geborgenheit, letzte Gedanken. Der Mann wendet sich an das, was ihm Schutz verleiht, Wärme, Nähe in diesem fremden entsetzlichen Leben. Der Traum vom weichen mütterlichen Körper, seinem Geruch, den zärtlichen Händen – die auch Spaghetti zubereiten können, nicht zu vergessen. Diese Abschiedsszenen auf dem Bahnhof, in Wochenschauen gezeigt. Der bleiche geängstigte Sohn, der mutterseelenallein dem Tode entgegensieht, ob auf dem Schlachtfeld oder in den Krankenzimmern, bei

Drugparties gespenstischer Verirrter, in den Sterbereservaten der Aidskranken. Der Schrei der Kreatürlichkeit.

Der Schrei der Ohnmacht, und doch steht er da wie ein Monument.

Träume Bella

Ich bin noch schuldig. Heb mich auf.
Ich bin nicht schuldig. Heb mich auf.
Das Eiskorn lös vom zugefrornen Aug,
brich mit den Blicken ein,
die blauen Gründe such,
schwimm, schau und tauch:
Ich bin es nicht.
Ich bin's.

Ingeborg Bachmann

Mutter Mittelmeer. Auf einer Insel. Wo sonst.

Die Inseln machen Venedig die Ausgrenzungen leicht. Das Ghetto liegt auf einer Insel, deren Tore früher nachts geschlossen wurden, auf Burano wurden die Kranken, Waisen, Asylanten und Geistesgestörten kaserniert, die Spitzenklöppler im Arbeitshaus. Chioggia war das Reservat für die Tuberkulosekranken, der Sitz der Irrenanstalten für Männer und Frauen. Düstere Stätten auch heute, an denen man beklommen vorüberfährt. Die Toten schließlich leben auf San Michele, der Toteninsel, von Katzen beschützt, die von diesem Friedhof Besitz ergriffen haben.

Es ist Februar, zehn Tage vor Beginn der Karnevalswoche, doch in der Tat ist Venedig längst vom sanften Verkleiden erfaßt, den sonderbarsten Metamorphosen. Als wäre es zuviel des Guten, sich bereits jetzt vollständig zu verkleiden, liebt man Andeutungen, Zitate. Ab und zu in der

Menge eine kostümierte Gestalt, dazu das Alltagsgesicht, die moderne Frisur. Dann wieder ein Antlitz, halb zerfressen, vom Aussatz bedeckt, die andere Hälfte klar, glänzend gesund, das Gesicht von einer weißgeschminkten Trennlinie durchfahren, um den Hals das Glöckchen des Aussätzigen, dazu T-Shirt und Jeans. Eine Dame mit Allongeperücke an der Theke, im Café Florian, in der Hand ein Glas Bier, Tennisschuhe an den Füßen. Ein alter Casanova, die Überlegenheit seiner adeligen Geburt zur Schau stellend, formvollendet bis hin zum Schönheitsfleck und dem fast weißen Puder, unstatthafter Dufflecoat lässig um die Schultern gelegt. Übergänge, Anfänge, Schatten. Man spaziert durch die Straßen mit einer Freiheit der Bewegung und des Benehmens, die sonst nicht möglich wäre.

Wir gehen an Bord, zusammen mit einem Clown, einem Chinesen, einem klapperdürren Skelett. Sobald wir auf die Toteninsel zusteuern, ist es mit der Düsternis vorbei. Der Himmel öffnet sich.

Schwarz funkelnde Zypressen, weißglänzender Marmor, überall Vögel, Elstern, Lerchen. Wie kleine Engel flattern sie über den Gräbern, entschwindende Grüße der Toten. Hinter uns der modrige Nebel über den Wassern.

Erleichtert verlassen wir das Schiff und gehen an Land, zusammen mit den paar Masken, folgen dem maskierten Chinesen, seinen zierlichen Schritten.

Er trippelt durch die marmornen Straßen, sich mal nach rechts, mal nach links verneigend, dort über den schwarzen Marmor fahrend, da einer schönen Toten ein Kußhändchen zuwerfend. Er umarmt eine Schöne, auf dem Mund der Kalten bleibt rote Farbe zurück.

Neben uns eine weibliche Gestalt, bis auf den Wanderschuh vollständig kostümiert, mit einem riesigen Cape, das eine Agraffe mit zwei gekreuzten Gebeinen zusammenhält. Um ihren Totenkopf kräuselt sich blondes Haar. Vielleicht ist eine Frau der Tod. Vielleicht auch ein junger schöner Mann. Eines seiner vielen Gesichter.

Inkuben und Sukkuben, Dämonen und Dracula. Der Mensch findet gebrechlichen Trost darin, in seinen Träumen und Schriften mit dem Tod zu spielen, ein Versuch, frei zu sein, frei wie diese Maskengestalt, die an den Toren rüttelt. Wir haben keinen Zugang zum Tod, er ist uns für immer versperrt. Wir müssen uns wohl oder übel mit Erscheinungen abgeben, mit Illusionen.

Hand in Hand folgen wir der Todesmaske, die mit ihrer schwarz behandschuhten Rechten winkt und sich nach beiden Seiten verneigt.

Eine unserer himmlischen Hochzeitsreisen auf Friedhöfe, geleitet von einer geteilten Passion. Wie ich mir wünsche, daß das Leben mit meinem Liebsten nicht enden möge! Wie ich, indem es weitergeht, darüber nachdenke, wie begrenzt es ist!

Leben in der Kadenz. Lieben voll Freude und Hingegebenheit. Seine Verbundenheit mit Menschen, die leiden, sein Denken an den Tod. Krankenbesuche, Pflegedienste, Begräbnisse. Seine Worte über den Tod einer Freundin an unserem ersten gemeinsamen Tag. Damit war für mich alles gesagt.

Geruch nach warmem Stein und Staub. Ein Frauengrab. Sogni bella, träume Schöne, steht auf dem Stein.

Straßen des Todes, Häuser des Todes, Mausoleen. Alles vernünftig gebaut. Die modernen Friedhöfe, San Cataldo bei Modena, Voltobarozzo bei Padua, die an diese Architektur anschließen. Sie haben etwas Kosmisches, Asketisches, das Leben Aussparendes – death-art. Das einzige, was der Mensch dem Tod entgegenzusetzen hat: schreckliche Vasen, Zement und Monumente.

Endlich liegen die steinernen Straßen hinter uns, beim Anblick der Einzelgräber atme ich auf. Sie machen es mir leichter, bewegen mich in ihrer Verfallenheit und Harmonie. Ich kenne Ezra Pounds Werk kaum, aber wir suchen sein Grab, finden es lange Zeit nicht, geben nicht nach. Ich vertraue auf die Ausdauer meines Begleiters, da hat er es auch schon gefunden: ein baufälliges, verwittertes Grab mit sinkendem Stein, dschungelhaft wachsenden Gräsern, Kräutern und Blüten. Ein ehrliches Grab.

Gräber, die auf die Geschichte Venedigs verweisen, griechische, ungarische, jüdische, österreichische. Igor Strawinsky, die als Tod Verkleidete bleibt unvermutet vor seinem Grab stehen. Ein Schmetterlingsseelchen erhebt sich von Diaghilews Grab, umkreist es tänzerisch in unendlichen Bögen, flatternd und graziös, geziert.

Totenfahnen, verwitterte Fetzen, das Gold ganz matt. Abgebrochene Säulen, geknickte Rosen, Blumen aus Plastik, Blumen aus Porzellan und Stein, so viele, daß wir geradezu aufatmen, wenn ein realistischer Totenschädel zu sehen ist.

Andererseits: sobald wir den Todesgefühlen das Morbide nehmen, sie kasernieren, werden sie steril, grausam und hart, da ist mir dieser symbolhafte Kitsch schon lieber – er beflügelt die Phantasie.

Säule, Stein, Rose, Ausdruck einer im Sentiment erstickten Religiosität. Skelette, hinter dem Rücken Argloser die Sense schwingend, Gegenüberstellungen von Lebenden und Toten. Lebensalterdarstellungen und Vanitas. Bücher, Musikinstrumente, Spielkarten, Pfeifen, Muscheln, allerlei wissenschaftliches Gerät. Stundengläser, Uhren, erblindete Spiegel, erloschene Kerzen, faulende Früchte, verschlissene Gegenstände, Turteltaube, Hund und Diamant als Sinnbilder ewiger Treue. In Wachs getauchte Papierblumen, die unvermeidliche Callas, grellweiß. Bäuerliche dicke Chrysanthemen, auf Dauerkränze gesteckt. Vögel lassen sich auf den Wachsblumen nieder, auch sie von dem täuschenden Naturschauspiel verwirrt. Im Sozialismus waren es rote Nelken, gewachst, rote Sterne aus Plastik oder Papier, Hammer und Sichel. Kitsch des Todes, der in der ganzen Welt auftaucht mit seltsamer Gleichzeitigkeit.

Das Zischeln zweier Harlekine verfolgt uns, als wir auf einen Kreuzgang zugehen. Ich habe Hunger und Durst, will ein Schinkenbrot, einen Schluck Wein, einen Kuß.

Wir setzen uns ins Gras im kleinen Kreuzganggeviert. Ein Mönch, über die Schaufel gebeugt, hebt die Erde aus. Er weist auf den Brunnen, frisches Wasser, wir könnten es trinken. Wir nehmen seinen Becher. Auf seinem Gesicht zeichnet sich Belustigung ab, wir schwätzen und lachen.

Später verlassen wir den Kreuzgang und setzen den Spaziergang fort.

Wir neigen uns über die Epitheta, diese schmalen, zerbrechlichen Litaneien. Ein Bombardement von Synonymen, ein Vexierspiel mit stets gleichen Bildern. Nach zwanzig Gräbern übersetze ich nicht mehr, es ist immer dasselbe. Geraune, Gefühliges, Unsterblichkeitsprognosen, Worte, die uns mit leeren Herzen zurücklassen.

Dagegen tun die Emaillebildchen auf den einfachen Gräbern richtig gut. Photographien auf Porzellan, zwischen 1870 und dem Ersten Weltkrieg entstanden, die ein bißchen Realität in diese Gräberwelt einführen. Der Reiz und die Stärke italienischer Menschen. Könner, was Lebenslust angeht. Ovale Bildchen mit profilierten Rahmen, die das Leben der Verstorbenen exemplarisch erzählen. Kopf- und Bruststücke, meist schwarzweiß, heute durch die billigeren Sterbebilder ersetzt.

Ein Empfinden der Behaglichkeit macht sich in mir breit, ein Geborgenheitsgefühl, wenn ich die meist bäuerlichen Ehepaare betrachte, häufig im Queroval, und ich male mir ihr Schicksal aus, ihre Todesart, pinsle mit bunten Farben lesbare Bilder, die mich an das Leben im kleinen toskanischen Dorf ebenso erinnern wie an meine Kindheit in Österreich, an das bayerische Hinterland. Das »Kofferträgermeisterskind« auf dem Münchner Ostfriedhof, das wie Schneewittchen daliegt, eine postkartengroße Plakette. Ein junges Mädchen mit ruhigem schönem Gesicht, weiß gekleidet, einen Kranz mit Orangenknospen im Haar und mit vielen Blumen um sich, einem Meer künstlicher Blüten – eine kleine Braut.

Ein etwas lebendigerer Umgang mit dem Tod, doch vielleicht sind deshalb Plaketten bei uns heute »aus Gründen des guten Geschmacks« verboten: »Das Anbringen von Plaketten ist untersagt.«

So ist sie, unsere Friedhofsordnung. Hauswartsseele: Das Spielen der Kinder auf dem Hof ist verboten.

Wir streben dem Ausgang zu. Noch einmal Strawinsky, die schwarze Grabplatte von Manzú. Gleich sind wir durch. Die unendliche Reihe der Columbarien, in die Mauern eingelassen. Grabstätten wie Kojen oder Kühlboxen, die oberen nur mit dahingleitenden Leitern zu erreichen. Wer hier von der Leiter fällt, stirbt im Dienst des Todes.

Wir lassen diese hohen Mauern, die das Leben fernhalten, hinter uns, die dunklen Zypressen, die mit ihren Spitzen gegen das Himmelszelt zielen, die ausgelöschten Leben in ihrer Unendlichkeit. Die einst heftig begehrten Schönen mit dem versteinerten Blick. Aber auch den kostümierten Tod, der das Boot nicht mehr erreicht hat und einsam zurückbleibt, das schwarze Cape flattert im Wind, darüber weißleuchtend sein Schädel mit klaffendem Gebiß.

Das Gerippe im Rücken fahren wir auf das vernebelte Venedig zu, wieder in diesseitige Gespräche vertieft. Wo wir heute essen. Die noch versiegelte Flasche schweren roten Weins im Hotelzimmer. Genug der Vergänglichkeit, genug der Rosen.

Frenetisches Gebrüll auf dem Markusplatz, ein verfrühter

Karnevalszug, Tanz, schreiende Mütter, die ihre Kinder vermissen, Touristenströme, von brüllenden Führern geleitet. Ein Mädchenkopf über einem Reifrock, ein bleicher Herr im Pagenkostüm, eine tanzende Carmen inmitten eines Sees von vergossenem Wein. Eine fast zwei Meter große dunkelhäutige Frau, mit Rosen bedeckt, Rosen als Hut und Rosen um die Brüste, den Schoß. Winselnde Hunde zwischen unseren Füßen. Ein prachtvoller Indianer, Skalps auf dem Rücken, ein Selbstmörder, den Strick um den Hals. Ein Henker, das blutige Beil schwingend, eine Prostituierte, die Trauer trägt. Eine Masochistin, mit Ketten beschwert, gepierct, durchbohrt; der Frauenmörder, das »Monster von Florenz«. Ein lebendes Bild, in Unbeweglichkeit geronnen: der Tod und das Mädchen.

Karneval auf dem Markusplatz: Fleisch ade. Totentanz mit ekstatischen kreisenden Bewegungen, ausgelassen Hüpfende, Verrenkte, Turnende in den absonderlichsten Stellungen, mit Knochen jonglierend, sich beinahe paarend, toll gebärdend.

Mein Hunger nach Berührung ist groß. Ich schmiege mich in seine Arme und wir beginnen langsam zu tanzen, mit hineingezogen in diese herausfordernde Bewegung, schweigend, mit noch von der Toteninsel benommenem Geist. Drüben auf dem kleinen Podest die Frau mit den Rosen reißt sich den Kranz vom Kopf.

Die toten Liebenden

Die letzten Generationen, die, wenn sie es schon nicht waren, die Bedeutung von »Liebende« kannten, sinken gerade ins Grab. Das Wort wird durch die Luft wehen, es wird sein – »Liebende« ... – die pulsierende Note eines Vibraphons, die aus den »Duineser Elegien« erklingt; wir werden getrennt von ihm leben, aber es wird uns nicht verlassen. Und in der Zwischenzeit werden die Universitäten Hypothesen aufstellen, wer sie waren, was sie taten, und warum sie ausgestorben sind.

Guido Ceronetti

»Was meinst du, ob wir mal bei Marion und Michael vorbeischauen? Ich bin gespannt, wie es mit ihnen weitergegangen ist.«

Er sitzt über einem Buch. Die Hände gefaltet, beugt er seinen Oberkörper über die Reliquie, die auf einem Pölsterchen auf seinem Schreibtisch liegt, damit sie es weich hat. Er hingegen ruht auf einem harten Stuhl.

Er löst seine Bethaltung und wendet sich mir zu, den Blick voll Eifer und erwachender Neugier.

»Ach ja«, sagt er und klappt das Buch so andächtig zu, als schlösse er einen Schrein, wobei er noch einmal liebevoll über den Einband fährt, »ist es nicht schon wieder Wochen her, daß wir zum letzten Mal dort waren?«

Er geht in den Keller voraus, um die Räder zu holen.

»Ich hoffe«, sage ich, »daß ihre Geschichte noch nicht zu Ende ist.«

Die beiden Unbekannten, auf dem Ohlsdorfer Friedhof in Hamburg von uns entdeckt, beschäftigen uns mit ihrer nicht verwirklichten Liebe. Vor dem Kriegerfriedhof stellen wir unsere Räder ab.

Die Hand in der seinen, kann ich es kaum erwarten, und ungeduldig beschleunige ich meine Schritte. Wir gehen zur stilisierten Nachbildung eines Wachhäuschens am Eingang des Kriegerfriedhofs, der wie ein Kasernentor gestaltet ist. Dort liegt unser Geheimnis, in einer steinernen Lade, von einer Bronzeplatte verschlossen und wohl behütet.

Ich öffne die Lade und ziehe das Besucherbuch heraus, in dem wir diese Liebesgeschichte entdeckten, die Geschichte von Marion und Michael, eines Paares, das sich hier auf dem Friedhof geliebt hat und wieder verlor. Die Sinnlosigkeit, die Frau umzustimmen. Sie will nicht mehr zu ihm zurück. Eine Liebesgeschichte, am Rande des Grabes geboren, ein wenig warm noch, doch allmählich erkaltend und stumm.

»Liebe Marion! Ich bin hierher zurückgekehrt, wo unsre Liebe begann« – ich werde nicht müde, diese Sätze im Besucherbuch zu lesen. »Heute an unseren Teich zu unserem Graureiher gegangen, er hielt einen Fisch im Schnabel: wie gern hätte ich dieses Erlebnis mit dir geteilt.

Es hagelt in unsere Liebeslaube. Bitte komm zu mir zurück. Ich fühle mich seit Tagen, als müßte ich sterben. Ich weine und vermisse Dich sehr. Die Schmerzen sind unerträglich. Ich liebe Dich, Michael.«

»8. Tag. Keine Zeile von Dir. Ich werde weiterhin zurückkehren. Es wird nicht besser. Nichts wird besser, schon eine Woche ohne Dich. So vieles möcht ich Dir noch sagen. Bitte komm zurück.«

Zu weit voneinander entfernt. Großes Feuer, auf Gräbern entfacht, auf Gräbern erloschen.

Ein Dritter, der sich einmengt, namenlos: »Hey Michael, es tröstet nicht, aber du bist nicht der einzige, der verlassen wird. Ich habe die Frau, die ich heiraten wollte, verloren. Ganz plötzlich, nach ihrem heißesten Liebesbrief, ist sie zu kaltem Eis erstarrt und hat mich in der Hölle gelassen ...«

Tod, sagt Ceronetti, ist Befreiung von Information.

Als habe er es gewußt, daß ihm nur noch wenig Lebenszeit blieb, Liebe in Tat umzusetzen, hat er es wenige Wochen vor seinem Tod noch gelernt. Wolfgang, ein Freund. Sein ungeklärter Tod, mit Wucht von einem vor ihm fahrenden Lastwagen angesogen.

Wenige Tage zuvor hatte er mir von seiner kurzen frischen Liebe erzählt. Zwei Wochen befristeten Glücks. Niemand von seinen Freunden kannte die neue Geliebte, doch liebevoll hatte er mir sie beschrieben, hatte von seinen Ängsten erzählt, abermals zu verlieren, seinem innigen Neuversuch.

Ich stehe an seinem Grab, von fremden Trauergästen umgeben. Ein goldenes Lichtflügelchen liegt auf dem Haar der Frau neben mir, ihr Gesicht sehe ich nur im Profil. Doch fühle ich körperlich ihre Einsamkeit. Vielleicht habe ich mich, von ihrer Verlorenheit angezogen, durch die Menge auf sie zubewegt. Die Frau neben mir wendet sich

mir zu. Ein Blick, kostbar, kurz, ein Erkennen. Wir sinken uns in die Arme.

Eine Freundschaft, vom Tod begleitet.

Die Friedhöfe sind voll von abgestürzten Liebenden, die ihrer Auflösung entgegengingen, die Wange kalt, die Stirn ohne Gedanken, und nur der Mond, das Flüstern der Käuzchen leisten ihnen Gesellschaft. Nichts scheint beständiger als die Liebe der Toten, sie währt ewiglich ....

In einer Mondnacht auf einem toskanischen Friedhof an der Meeresküste habe ich eine weitere Liebesgeschichte entdeckt. Ein Paar schläft unter Eulen. Italienisches Ehebett, kühler Marmor, Nackenrolle, zwei Nachtkästchen an jeder Seite, häusliche Idylle. Glattgezogene Laken, glänzendweiß im Mondlicht, wie frisch bezogen. Säuberlich im Nachthemd, Haar gelöst, die Ehefrau. Der Gatte im Pyjama, kleiner Schnauzer, ihr zugewandt. Hochzeitsdatum vermerkt. Todesdatum tags darauf.

Natürlich beschied ich mich nicht mit den Daten. Ging durchs Dörfchen, suchte nach der Geschichte und bekam sie zu fassen: Hochzeitsfest. Das junge Paar, so schön, die Leute bleiben stehen, um es zu betrachten. Sommerabend im August, Hitze, roter Wein im Blut. Von einem Augenblick auf den anderen verlassen die beiden das Fest, um sich zu lieben, irgendwo auf der Wiese, sie halten es nicht mehr aus. Zitternd springen sie in den Wagen, schon öffnet sie das Hochzeitskleid und streift die Schuhe von den Füßen.

Sie fühlen das Blut kreisen. Seine Hand an ihrem Schoß. Er blickt sie an, zu lange. Die Räder rollen los, den Hügel hinab. Das Auto überschlägt sich, die Liebenden sind im Staub verschwunden.

Begräbnis, Leichenschmaus. Sommerabend im August, Hitze, roter Wein im Blut. Die Freunde, das Fest, das Mahl, das Paar so schön, das Grab. Ach, ist es nicht gleichgültig, ob sie tot sind oder lebendig: Sie schauen sich an und schauen sich an, ohne sich zu bewegen.

Zufallsbegegnung auf dem Friedhof San Miniato al Monte in Florenz mit Mario Mazzone, 1944 als Bordfunker bei Hamm abgestürzt, und seiner Frau Maria Grazie Collela, ein Jahr später ihm nachgefolgt.

Unausgelebte Liebe bildhauert sich so weg. Doch hier ist etwas Besonderes geschehen. Vor der Berührung mit der Unausweichlichkeit des Todes eines so jungen Paares scheute der Künstler zurück und suchte das wärmende Klima ihrer ersten Begegnung auf, als das gemeinsame Leben, die Liebe, die Karriere noch vor ihnen lagen.

Der junge Mann im 40er-Jahre Jackett mit eingearbeitetem Gürteleffekt, an den Brustseiten Taschen und gelegte Falten, Hose mit Schlag. Seine ausgeprägte Nase weist auf die Geliebte, deren Hand er nur leicht mit den Fingern berührt. Ein Mann mit optimistischem Zukunftsblick, salonfähig, leistungsbewußt, sportlich-elegant.

Die Frau an seiner Seite: schulterlanges, in großen Wellen herabfallendes Haar, Rita-Hayworth-Frisur, große Augen, lächelnder Mund, hochgeschlossenes, die Figur betonendes bodenlanges Mantelkleid, das sie mit der Rech-

ten ein wenig rafft, als könne sie, solchermaßen geschürzt, dem Tod gefaßter entgegensehen.

Versuch, die Personen in der Form ihrer ersten Begegnung einzufrieren. Liebe und Harmonie, dazu ein wenig Schatten und Fäulnisgeruch. Die zarteste Sehnsucht des Menschen nach Liebe bis über den Tod hinaus, vermengt mit einer Prise Grauen. Ich stelle mich auf die Zehenspitzen und blicke nach oben: Blinkt da nicht ein Funkgerät in seiner Linken?

Stille. Zwei in ihre Welt eingeschlossene hermetische Blöcke, Halbreliefs, nebeneinander liegende Gestalten ohne sichtbaren Bezug auf dem Gemeinschaftsgrab von Héloise und Abaelard. Teile des Oberschenkel- und Schienbeinknochens Abaelards, mit den Überresten seiner Geliebten von wechselnden Äbtissinnen mal vereint, mal getrennt, dann wieder vereint. Ihre Liebesgeschichte, die zu den ergreifendsten zählt, steht auf den Grabtafeln auf dem Père-Lachaise in Paris.

Rousseau hat diese Geschichte aus dem 12. Jahrhundert in Form eines fiktiven Briefwechsels veröffentlicht und macht sich darin zum Verteidiger des unbedingten Gefühls, ein Bestseller ganz nach meinem Geschmack, voll Sehnsucht und Liebesraserei, gesellschaftlichem Verbot, voll Einsamkeit, Schuld, Bestrafung, Tod, nur kurzer Seligkeit.

Von Anfang an steht die Gesellschaft gegen die Liebe des Theologen Abaelard, der der jungen Héloise Nachhilfestunden gab und sich sofort unsterblich in sie verliebte.

Rückhaltlos erwidert die Nichte des Pariser Kanonikus Fulbert seine Leidenschaft und wird heimlich seine Gemahlin. Neun Monate später wird der gemeinsame Sohn Astrolabe geboren. Ein Verstoß gegen die Sitte und die Familienehre, der grausamste Rache auslöst: Der Kanonikus läßt Abaelard kurzerhand entmannen, der hinfort seiner Liebe nur platonisch huldigen kann. Héloise, unnachsichtig mit den Neigungen ihres Körpers, verbirgt sich hinter der Nonnentracht, und dieselbe Frau, die in ihrer Jugend die Sprache der Leidenschaft gekannt hat, der Liebe und der Verzweiflung, gibt sich nun ganz ihrer Buße hin und stirbt geachtet als Äbtissin. Sie genießt einen Seelenfrieden, dem ein gewisser Stolz nicht fehlt: sie erbittet sich einen letzten Wunsch und wird neben Abaelard, 22 Jahre vor ihr gestorben, begraben.

Eine große Nase hat Abaelard, strenger Mund, Kutte, Mönchsfrisur. Daneben Héloise in Nonnentracht, die Haube fest ums Kinn gebunden, straffe Wangen.

Gläubige Gesichter, die Körper unter Gefälteltem versteckt. Stumpfe Keuschheitsgebote hinter den Stirnen, denen die Körper gehorchen lernten. Betende Hände, Jenseitsblick. Tod im Leben: kastrierte Sexualität, »therapeutisch« bedingt.

Ein Paar, einträchtig im Verschweigen. Zum Glück gibt es Literatur, die das Leben bewahrt. Liebe läßt Mythen entstehen, wird sie nicht ausgelebt. An den grausamsten Mythen hat die Kirche das Urheberrecht.

Zwei Liebende, aus Traum und Trauma gehauen, im

Leben getrennt, erst im Tod vereint. Aber wie! Knie geschlossen, Arme angelegt. Starre, einander niemals treffen-
de Blicke, himmelwärts. Hände wie Begräbniskerzen,
wächsern und bleich: hat sie ihn wirklich mit diesen Fingern einmal liebkost?

Soldatentod

Ich war im Krieg und habe mitgemacht,
Wie alle neben, vor und hinter mir.
Ein paar Millionen wurden umgebracht ...
Und viel zu spät, mein Freund, erzähl ich dir.

Gerhard Fritsch

Die Rhododendren zerstäuben die Tropfen des nächtlichen Regenschauers. Es duftet aus nassen Magnolienblüten und dampfenden Zypressen. Ich sehe die am Wegesrand aufsteigenden Skulpturen wie durch aufsteigende Tränen, da eine Hand, ein Gesicht, eine Brust. Dort liegt der Kopf im Schatten, nur ein Lichtstrahl huscht über die Backenknochen, da ein Stück vom Gewand, wie hingeworfen, ein erleuchtetes Auge blickt in die Ferne, ins Reich der Dämmerung. Auf dem Haar schwebt Tau.

Ohlsdorfer Friedhof in Hamburg. Wir grüßen Ida Ehre, die oben auf einem kleinen Hügel begraben liegt, und machen einen kleinen Umweg über Wolfgang Borchert in der »Dichterecke«. Um die bittere Erfahrung des Krieges hat sich sein Werk konzentriert.

Der Krieg – eine Faszination von Stolz und Ehre, von Waffengeklirr und Tapferkeit. Seine massenmörderische Dimension, die sich in den unendlichen Gräberreihen manifestiert, wird auf eine perverse Weise überhöht. Wer soll auch gegen den Heldentod anreden? Die Politiker

nicht. Sie brauchen für ihre politischen Abenteuer und Fehlentscheidungen immer wieder einen Soldaten. Die Kriegervereine nicht, denn sie müßten dann auch von Morden, von Angst und Versagen reden. Und die Dichter? Manche schreiben lieber »Deutschland muß leben, und wenn wir sterben müssen«, wie Heinrich Lersch in seinem Buch ›Mensch im Eisen‹. Wer Gedichte schrieb wie Kästner und Tucholsky, der wurde verfemt. Auch Wolfgang Borchert wurde lange Zeit abgetan.

An den Gräbern der Seeleute vorbei radeln wir auf den Soldatenfriedhof zu. Die Krieger-Ehrenallee. Soldatengräber aus dem Ersten und Zweiten Weltkrieg. Der Schriftsteller Ernst Toller über Deutschland 1915: »In der Waldlichtung aus den Gräbern der Soldaten sprießt Gras. Die Grabdecke ist zu dünn, von einem Soldaten hat der Regen die Erde weggespült, die seine Füße bedeckte. In den Stiefeln verwesen Beine, die marschiert sind über die Felder Rußlands und Frankreichs, sie haben Stechschritt gelernt, sie konnten in Eilmärschen die Stellung wechseln und sich gegen den Boden stemmen, wenn es galt, ein Stück Stacheldraht zu verteidigen, sie waren mehr wert als ein Kopf und weniger als ein Gewehr. Millionen Beine verwesen in der Erde Europas.«

Vorbei an dem großen, kreuzartigen Feld der Bombentoten. 37 000 Tote auf einen Schlag. Das Licht entblößt die grausamen Züge des Charon an Gerhard Marcks' Skulptur ›Fahrt über den Styx‹. Zwischen den einfachen Soldatengräbern des Zweiten Weltkrieges schlichte Steinplatten mit Namen und Dienstgrad, Geburts- und Todesdatum, die

Dreierkreuzgruppe des Volksbundes für Kriegsgräberfürsorge, der Gefallenengräber in fast hundert Ländern der Erde betreut. Eine Zahl, die die Größe dieser zumeist freiwilligen Arbeit demonstriert. Doch wer von den Helfern denkt auch daran, daß diese Gräber in fremden Ländern die Folge deutscher Hybris von Wilhelm II. und Adolf Hitler sind. Und daß sie ohne grundsätzliche Zustimmung des Volkes nicht möglich gewesen wäre. Tausende von Todesanzeigen mit Eisernem Kreuz und »mit Stolz und stiller Trauer« bezeugen das. Woraus vielleicht einmal die Erkenntnis erwachsen könnte, daß der »kleine Mann« nicht nur das Opfer seiner Führer und Verführer ist, sondern daß ohne ihn, sein Zutun, seine Bereitschaft, sprichwörtlich sein Mitlaufen, dieser schreckliche Kreislauf von Krieg, Tod und verlogener Heldenverhöhnung (»Sie starben, damit wir leben können«) nicht möglich ist.

Der Gedenkstein für die 3500 Opfer der NS-Diktatur aus den verschiedensten Konzentrations- und Kriegsgefangenenlagern. Am riesigen Areal mit gefallenen Soldaten der britischen Armee machen wir Halt. Tausende von Einzelgräbern. Die wie zum ständigen Appell in Reih und Glied stehenden Gräber, diese sterile Ordentlichkeit verdecken die Sinnlosigkeit des Soldatentodes. Kaserne bis in den Tod. Steinkreuze mit dem heraldischen Symbol der Waffengattung. Nachdenklich gehen wir die Reihen entlang.

Was hat eine Frau wie ich auf einem Soldatenfriedhof verloren, an Massengräbern einer nicht erlebten Zeit? Flüchtig hatte ich früher einmal Abbildungen solcher Gräberanhäu-

fungen gemustert und sie gleich wieder weggelegt. Was sie wiedergaben, hatte nichts mit mir zu tun, nichts mit meiner Identität, war reine Anonymität, so ungefähr das letzte, was ich sehen wollte. Meine Voreiligkeit: Soldaten waren für mich einfach tot. Sie starben außerhalb meiner Zeit. Ihre Bestattung bezahlte der Staat, und er tat es ordentlich und gut, vor allem rationell. Mit toten Soldaten spreche ich nicht mehr, sie sind ein für allemal begraben.

Das Resultat war offenkundig eine gegenseitige Aufhebung. Ich ging weder moralisch heran noch mit Wissen. Irgendwie kein individueller Tod ...

Als Frau konnte ich mich seit jeher mit der Existenz von Soldaten schwer abfinden, doch tat ich nichts, um sie zu verstehen. Ich habe nie einen Bezug zu ihnen gewonnen und suchte ihn nicht. Dabei lebe ich nach wie vor in Zeiten heftiger Konflikte und Aggressionen. Mit Polizeihunden und Abschiebern, vom Staat gedingt, mit Serientoten und Seelenmördern, millionenfach ausgestrahlt, mit Toten am Straßenrand. Das ist mein Leben, ich bin es gewohnt.

Seit wir gemeinsam auf Friedhöfe gehen und darüber sprechen, fangen die weißen Zwischenräume in meinem Inneren an, sich zu beschriften. Durch seine Erzählungen beginnt sich der Krieg zu einer Geschichte zu fügen. Nie höre ich unsere Geschichte auf die gleiche Weise wieder, sondern sie verändert sich, sie lebt.

Ich erfahre, was es für einen blutjungen Menschen bedeutete, mit einem Sterbenden konfrontiert zu werden, mit seiner tödlichen Verwundung, seinen Schmerzen, gelähmt von seinem Schrei nach Hilfe. Was daraus folgt, hat viel mit dieser Erfahrung zu tun, einschließlich der Überzeugungen, wie man sein Leben gestalten sollte.

So, gemeinsam unterwegs, habe ich manches in ein kleines Heftchen geschrieben, im Gehen, im Stehen, immer, wenn ich fühlte, daß da etwas war, das mit meinen weißen Flecken zusammenhing. Die Augenblicke des Verweilens vor den Gräbern haben meinem Leben eine andere Bewegung gegeben, die Pausen, die Abschnitte der Stille, der Dialog. Kein Zweifel, Massentode werfen massenhaft Fragen auf. Neben mir einer, der Kriege kennt. Ich muß es nur lernen, zu fragen.

Vielleicht heißt massenhaft und rasch begraben nicht begraben. Mein Unbehagen ist geblieben, doch es hat sich gewandelt. Unbehagen vor Hurtigkeit und Gründlichkeit. Massengräber haben Fallencharakter. Es sind Bunker, Erdschächte, Gefängnisse unseres Denkens; als könne man sich nur die Kreuze ansehen und die Soldaten wegdenken...

Ich habe gelernt, daß es eine Übersetzungsmöglichkeit gibt. Ich reduziere nicht mehr das, was ich sehe, auf Anonymität. Das ist doch recht wenig. Ich fange erst an zu fragen: Warum diese Mystifizierung des Massenmordens? Warum diese Floskel vom Tod für Volk und Vaterland, wo doch über militärische Hybris geredet werden müßte, warum ist Soldatentod Pflichterfüllung, wo doch die Erhaltung des Lebens die höchste Pflicht aller menschlichen Anstrengungen ist?

Dieses theatralische Händereichen zweier Schwarz-
gekleideter über den Gräbern von Verdun und Bitburg ist
für mich nicht ohne schwarze Gedanken: Kehren sie wie
Täter an den Ort einer verbrecherischen Politik zurück?
Oder wollen sie nur über Schuld und Versagen den gepfleg-
ten Rasenmantel breiten? Diese Beisetzung von Aufklärung
und notwendiger Information. Ewig leben Zerstörung und
Aggression. Die Killing fields um Srebrenica: zwischen
3000 und 8000 Männer, vermutlich unter Fußballplätzen
und Kornfeldern verscharrt, im Wald, von Trupps aus Den
Haag, mit Minensuchgeräten, Schaufeln und Kühlcontai-
nern ausgerüstet, gesucht. Alpträume unserer Zeit.

Wir sind die nicht endenwollende Reihe von Toten in
Ohlsdorf abgeschritten, denen die zwei Weltkriege ihre
Individualität geraubt haben. Grenzenlose Verlorenheit in
der Masse, für die Lebenden nicht anders als für die Toten.

Der Anblick peinigt. Die Massaker dieses Jahrhunderts
haben es sogar geschafft, den Tod im Bett zu trivialisieren.

Die anonymen Toten

Es fragt uns keiner, ob es uns gefällt,
ob wir dies Leben lieben oder hassen.
Wir kommen ungefragt in diese Welt
und werden sie auch ungefragt verlassen.
Mascha Kaléko

Wir gehen, ohne ein Wort zu sagen, den Weg zum Gräberfeld 415 auf dem Münchner Waldfriedhof entlang. An meiner Seite meine beiden Freunde Hans und Martin, die sich damit begnügen wollen, ihren Körper der Anatomie zu vermachen und anonym bestattet zu werden. Die Zigeuner fallen mir ein, die von der Erde spurlos verschwinden. Ist der Tote begraben, wird die Stelle eingeebnet und vergessen.

Soll ich Gesicht und Namen vergessen? Ein Sammelgrab als unbekannte Landschaft, ohne Ort und Zeit, dem Besucher seine Überflüssigkeit demonstrierend? Oder gerade der Appell, niemals den Kontakt zu diesen Menschen zu verlieren, sein Möglichstes tun, die Erinnerung wachzuhalten mit Gedanken und Worten, hinausgehen aus dem engen persönlichen Bereich?

Ein verstohlener Versuch, geheime Energien auf sich zu ziehen? Oder so etwas wie die Abwendung von einer Gesellschaft, die diesem Paar die ersten zwanzig Jahre ihres Zusammenseins im Namen von Recht und Ordnung vergällte? Gar eine Hinstilisierung zur verfolgten Figur?

Bei keiner anderen Handlung kann mir meine Ohmacht deutlicher gemacht werden. Ich fühle mich als Freundin schon im voraus hineingelegt. Beruht nicht vielmehr unsere ganze Existenz heute auf unserer Unverwechselbarkeit? Ich glaube, den beiden gegenüber die menschlichere Position innezuhaben, nicht ohne Ansprüche zu stellen. Sie haben einen besonderen Platz in meinem Leben – den sollen sie auch im Tod behalten.

Dabei bin ich neugierig, zu erfahren, wo ihnen die Anatomie, deren Professoren ihren »hochherzigen Entschluß« lobten, einen »Ehrenplatz« zuweisen würde. Meinen Freunden, wie sie leiben und leben, mit ihrem unermüdlichen Wissensdurst, ihrer Erfahrung, ihren Kochkünsten, ihrem Charme und ihrer Lebenskunst. Ihr Leben mit der riesigen wohlgeordneten Bibliothek, ihr andächtiger Umgang mit ihrer Sammlung, ihre Freude über ein besonders schönes Buch.

Ich kenne ihre Verfügungen, daß der Arzt ihr Leben nicht künstlich verlängern solle, kenne ihre geordnete und gründliche Art, sich abzumelden, wenn sie verreisen, und sich anzumelden, wenn sie wieder zurückgekehrt sind – sie werden es mit ihrem Tod nicht anders halten.

Es wird ruhiger und leerer um uns, eine Wiese tut sich auf, von Bäumen umstanden, ein schattiger Hain, in der Mitte die Stele, der beschriftete Stein. »Die Toten lehren die Lebenden«. Was lehren sie mich?

Die Silhouette der beiden im herbstlichen Gegenlicht. Zwei Menschen, die sich lieben. Die einander Geliebte sind, Partner, Frau und Mann, Vater und Kind. Zwei Menschen, deren Aufmerksamkeit füreinander unerschöpflich ist, nicht minder ihre Aufmerksamkeit für die Welt. Eine Welt, an deren Hindernissen sie nicht hängengeblieben sind.

Ich betrachte sie liebevoll. Zwei Menschen, die einander ähnlich geworden sind. Ein Paar, ein richtiges Paar, eines der wenigen, die ich kenne. Sie stehen auf diesem geschützten Hain wie Kinder, die bis zum Tod Kinder bleiben werden. Alles, was sie erworben haben, Stärke, Klugheit, Belesenheit, diese Liebe zur Schönheit, diese Selbstgenügsamkeit – all das ruft in mir Zuneigung hervor.

Wir gehen über die Wiese, auf der Kränze liegen, Blumensträuße, Rosen. Eine Mutter geht vorbei, am Arm ein Kind: »Wo ist Papa, wo? Ich will einen neuen Papi, Mami.«

Unser gemeinsames Lachen bricht das Schweigen. Uns belustigt diese kindliche Beschwörung der Ersetzbarkeit, diese tatkräftige Vernunft. Der Realitätssinn des kleinen Mädchens, das mich anblickt, geht mir nahe. Ich verstehe gut, was sie fühlt. Mir wird die Begrenztheit meines Denkens und Empfindens klar, die darin liegt, daß ich das individuelle Grab verteidige.

Mit einem Mal wie befreit, kann ich fragen. Keine komplizierte Entscheidung, wie spekuliert. Sie hat mit ihrem Leben zu tun, ohne Verwandte, ohne Kinder, und Freunde wollen sie mit der Pflege des Grabes nicht belasten. Sie akzeptieren die Gesellschaft, in der wir leben und von der sie ein Teil sind, und wollen ihr noch etwas geben.

Dem lebenserhaltenden Forschen hinterlassen sie ihre Körper, deren Reste verbrannt und vergraben werden.

Früher mußte sich die Anatomie der Grabräuberei bedienen, denn es gab nicht ausreichend Diebe und Mörder oder andere, von der Gesellschaft Ausgestoßene, die wie selbstverständlich den Wissensdurstigen zum Ausweiden zur Verfügung standen. Heute blüht der Handel mit Eingeweiden, Augen und Ohren, Knochen, existiert ein internationaler Markt für menschliche Ersatzteile.

Die Anatomie in Padua. Der drehbare Seziertisch, Stätte der blutigen Massaker, heute Ausstellungsstück für an klinische Akkuratesse gewohnte Personen. Die Parallelität der Vorgänge ist beeindruckend. Auf der einen, unteren Seite des Seziertisches ein festgebundener toter Hund, oben der unglückliche Tote. Unter dem Tisch der Kanal. Heimliches Sezieren des geöffneten Menschen bei Kerzenschein. Ein Verbrechen, auf das Tod und Verdammnis stand, schrecklicher Höllenfluch. Meldete jener, der draußen Schmiere stand, daß eine Kontrolle kam, lösten sie drinnen schnell eine Mechanik aus. Der Tisch drehte sich um die eigene Achse, den Toten hinab in den Kanal entlassend. Der schwamm davon, ein Engel auf dem Bauch liegend, mit heraushängenden Eingeweiden und aufgeschnittenem Herzen, hinein in die dunklen Wasser, den Blick nach unten gerichtet.

Die vom Verdacht angelockten Polizeispitzel fanden die Chirurgen in tiefer Konzentration über den mit stählerner Klinge geöffneten Hund gebeugt, eingehüllt in einen Dunst von Blut und Schweiß, hingerissen von dem, was sie entdeckten. Im Innersten jedoch voll Verzweiflung und Wut angesichts der Mühen, die es gekostet hatte, den frisch Verstorbenen aus seinem Grab zu buddeln.

Heute neigen sich 800 Studenten über 100 aufgebahrte, ordentlich zugelassene Leichen im Neonlicht. Kein Massaker mehr, keine Flut von Blut und Sekretionsflüssigkeit. Plastikhandschuhe bedecken die Hände, zierlichstes Herauslösen und feinstes Präparieren. Keine Metzgerei mehr mit Stümpfen, Gliedmaßen, Rümpfen, Hackfleisch. Eher ein säuberliches Freikratzen und manierliches Zerlegen mit ausgeklügelten appetitlichen Instrumenten, die verzweigte Gefäße und verästelte Nerven freilegen. Nur der Gestank bleibt auch den Medizinern von heute nicht erspart. Er nistet in der Haut und in den Haaren.

Ist es Zufall, daß die beiden ihren Tod dort angesiedelt haben, zwischen akribischem Sezieren und Namenlosigkeit, an der Grenze zwischen Erforschen und Vergessen, zwischen Präsentierteller und Kaninchenloch? Zwischen absoluter Diesseitigkeit und äußerster Vergänglichkeit, zwischen Arbeit für die Verlängerung des Lebens anderer und Zurücktreten in anonyme Unauffindbarkeit? Die Toten lehren die Lebenden? Die Lebenden auch.

Die toten Juden

In den Gaskammern
Erdacht von Männern
Die alte Hierarchie
Am Boden Kinder
Die Frauen drauf
Und oben sie
Die starken Männer
Freiheit und democracy.
Inge Müller

Mit Hut, Shawl und Handschuhen eleganter als sonst, kette ich mein Rad an den Zaun, der den jüdischen Friedhof an der Ilandkoppel vom Ohlsdorfer Friedhof trennt, und öffne das Tor. Die Kühle des Tages entringt mir ein lautes Frösteln, das fast wie ein Lachen klingt.

Der Friedhof liegt inmitten eines Urwaldes aus Efeu und wildem Schlinggewächs, dazwischen zerfallende Begräbnisstätten mit sich der Erde zuneigenden, dunklen, beschrifteten Steinen. Es tut gut, der Erde immer näher zu kommen…

Hundert Jahre deutscher Geschichte, Religionsgeschichte, das »Haus des Lebens«. Zu den Überzeugungen des Judentums gehört auch der Glaube, daß eines letzten Tages der Todesengel stirbt und die Menschen ewig leben werden. Der Glaube an die leibliche Wiederauferstehung und die Hoffnung auf die Ankunft des Messias, der den Weltfrieden bringen wird.

»Seit Mitternacht umweh'n den Vater Flügel des Engels, den man zweimal nicht erschaut«, schreibt Richard Beer-Hofmann über den nahenden Tod des Erzvaters Isaac. Wenn die Todesstunde kam, rief man früher einen der »heiligen Brüderschaft« ins Haus, um dem Sterbenden beizustehen. Man pflegte offen mit dem Verscheidenden zu sprechen und nahm ihm die Beichte ab.

Der strenge Ernst der Gräber ohne Pflanzenzierat und Skulpturen tut wohl, ihre Standhaftigkeit im Zurück zur Natur erinnert an aufgelassene Friedhöfe. Diese Rückwärtsbewegung jüdischer Friedhöfe zieht mich an. Sie kommt mehr aus dem Zentrum. Unsere Gräber erwecken den Anschein von Fortdauer des Bisherigen, geben dem Grab und damit der Unaufhebbarkeit des Todes etwas Heimeliges. So ist manches Grab eher eine Puppenstube, ein Puppengarten. Wir sind es, die davonlaufen. Jüdische Gräber bewegen sich nicht weg, sondern hin.

Unser Ordnungssinn im Gegensatz zur jüdischen Daseinszugewandtheit.

Ich schreite die Stelen ab und enträtsle ihre Symbole.

Krone – Symbol des guten Namens. Traube – Sinnbild des fruchtbaren Israel. Segnende Hände – das Grab eines Priesterabkömmlings, die Kanne eines Leviten. Der geknickte Baum bei Männern und Frauen, die in der Blüte ihrer Jahre gestorben sind, für Kinder steht eine gebrochene Blume. Der Schmetterling für die Flüchtigkeit des Lebens, die sich in den Schwanz beißende Schlange für die Ewigkeit. Die zwei Leuchter als Sabbatlichter für die from-

me Hausfrau, die schnäbelnden Tauben für die Innigkeit des Familienlebens. Berufssymbole wie Schere, Gewürzmühle, Gänsefeder, Kette und Bücherschrank.

Bei den älteren Gräbern Säulen, Rosetten, Randornamente, Buchstaben, die in Blütenkelchen oder Vogelköpfen auslaufen. Die vielfach hebräische Schrift kann ich nicht entziffern. Auf den neueren Grabsteinen ist die Inschrift deutsch, selbst Skulpturen sind ab und zu, in Anpassung an unsere Sitten, entstanden.

Ich gehe an den Grabsteinen, die auf die Konzentrations- und Vernichtungslager hinweisen, vorbei. Hier wurden auch, auf kleineren Grabflächen, die Aschenurnen von 70 Männern und Frauen bestattet, die in verschiedenen Konzentrationslagern und Justiz-Haftanstalten zu Tode gekommen sind. Auschwitz, Buchenwald, Dachau, Groß-Rosen, Mauthausen, Neuengamme, Ravensbrück und Sachsenhausen, Polizeigefängnis Fuhlsbüttel, Hamburger Untersuchungsgefängnis und Zuchthaus Brandenburg. Der Tod hat die Gestalt des NS-Terrors angenommen.

Meine Gänge auf jüdische Friedhöfe sind Besuche bei sechs Millionen Menschen, von den Deutschen umgebracht. Sie sind, ein vergeßliches Land im Rücken, ein Bekenntnis zur Mitschuld. Ein Versuch auch, die Richtung zu ändern, in die wir uns äußern. Eine Urne mit Asche aus Auschwitz auf der Gedenkstätte erinnert daran.

Die Toten hier mahnen zur Wachsamkeit, unsere Vergangenheit ruht nicht. Wie kann sie ruhen angesichts eines Friedhofs, der 1943 im Frühjahr erst in ein Barackenlager für Bombengeschädigte verwandelt, dann, 1944, als Behelfswohnheim für Juden, die in Mischehen lebten, genutzt wurde, – Juden, die ihre eigenen Wohnungen ausgebombten »Ariern« zur Verfügung stellen mußten?

Jüdische Friedhöfe in Deutschland, 1400 an der Zahl. Sie sind lebendige Geschichte, Vergangenheit und Gegenwart. Vielleicht hätten wir uns die unendliche Diskussion um eine zentrale Gedenkstätte der Vernichtung der Juden in Europa erspart, wenn die Kontrahenten, Bonn, Berlin und der Förderkreis, mal gemeinsam über jüdische Friedhöfe gegangen wären. Es gibt genügend von ihnen, erstaunlicherweise unberührt von der Vernichtungswut der Helfer Hitlers. Die Friedhöfe in Emmendingen, Freiburg, Heidelberg, Karlsruhe, in Königsbach, Külsheim, München, Bad Rappenau, Ravenstein, Sulzberg, Pforzheim, Kraichtal, Rheinau, Wertheim, Haiterbach… Der jüdische Friedhof in Berlin-Weißensee, im Scheunenviertel. Friedhöfe voller Bilder des Verfalls und der Erinnerung, der Boden mit hohem Gras und Laub bedeckt, allenthalben Efeuschlingen, ineinander verhakt, die Toten aneinanderkettend und miteinander verbindend. Krähen picken in der kaum sichtbaren Erde, Mäuse gleiten die Stelen hinab, Eidechsen sonnen sich auf dem überwucherten Sockel – der Tod, von den Pflanzen gnädig zugedeckt. Und doch sind diese Friedhöfe Lehrpfade. Danach nehmen wir die Überlebenden und Nachkommen ermordeter Juden anders wahr, hören, was sie uns zu sagen haben.

Unvertraute Vorschriften dieser Religion. Auf einem jüdi-

schen Friedhof darf man nicht essen, trinken, Holz oder Gras sammeln, das Vieh weiden, auch zielloses Spazierengehen ist nicht gestattet. Ein einmal zwischen schwarzfunkelndem Efeu verschwundenes Grab darf nicht mehr geöffnet werden. Exhumierungen sind nur bei Überführung in ein bestehendes Familiengrab zulässig.

Jüdische Friedhöfe sind auf Ewigkeit angelegt, das Grab bleibt für immer das Eigentum der Toten. Der jüdische Teil eines Friedhofs muß in das Eigentum der jüdischen Gemeinde übergehen. Der jüdische Boden wird deshalb durch einen Zaun oder eine Mauer geschützt. Wenigstens ein Stückchen Erde für immer, ein Haus für die Ewigkeit. Ein geistiger Vorgang, ein Beisichbleiben, Beschwören.

Die Ulmen sind gestorben auf dem größten europäischen jüdischen Friedhof in Berlin-Weißensee, den ich, kaum bin ich angekommen, besuche, ein Friedhof, auf dem ein paar reiche Gräber aufblitzen, das Protzmausoleum eines Preußischen Geheimen Kommerzienrats, Sigmund Aschrott, der den Denkmalskünstler und Schöpfer des Leipziger Völkerschlachtdenkmals Bruno Schmitz mit dem Bau beauftragte. Er wird abends von einer Anzahl von Krähen, die das Grab zu ihrer Heimstätte erkoren haben, um den Schlaf gebracht. Eine tote Taube liegt, Kopf nach unten, auf dem Sockel eines Mausoleums, den Kopf seitwärts gedreht. In der Winterlindenallee jammert ein Käuzchen, es ist schon erwacht. Pappel, Birke, Traubeneiche, Spitzahorn, ein Specht hackt unsichtbar im Gehölz. Zwei Eichelhäher krächzen. Vielleicht die Geister der zwei

Juden, die, in einem Mausoleum auf diesem Friedhof versteckt, die Nazizeit überlebten. Ich lege einen Scherben auf die Augen meines jüdischen Lieblingsschriftstellers Karl Emil Franzos.

Ich nehme den Weg zurück, die Dämmerung ist schon vorgerückt. Aus dem kleinen Quadrat eines bescheidenen Grabsockels wächst ein Baum, er hat den schwarzen Marmor gesprengt.

Sie ruht nicht, die Vergangenheit, sie hat Kraft genug, sich auch in uns lebendig zu erhalten, im Guten wie im Schlechten, wenn wir dafür offen sind. Die Toten, die sie verkörpern, sind so lebendig wie sie. Erst wenn wir sie in uns tragen, für immer, ist uns vergeben.

Der tote Vater

*Ich benötige keinen Grabstein, aber
Wenn ihr einen für mich benötigt
Wünschte ich, es stünde darauf:
Er hat Vorschläge gemacht. Wir
Haben sie angenommen.
Durch eine solche Inschrift wären
Wir alle geehrt.*

Bertolt Brecht

Augustkühle, Stille, Befriedung. Zwei Enten watscheln um die Gräber, eine Taube beschmutzt im Halbschlaf den Sockel mit ihrem Kot. Ich verfolge eine sich räkelnde Katze, die einen besseren Platz zu suchen scheint, und folge ihr noch, als sie leise maunzend in einen Pfad einbiegt. Sie rollt sich zu Füßen der Jesusgestalt auf der aus Ziegeln gefertigten Grabstätte des Erfinders der Ringbrennöfen, Friedrich Eduard Hoffmann, ein, als gäbe ihr das mehr Wärme. Geräusche klingen von der Chausseestraße herüber, ab und zu eine Stimme, ein Lachen, ein Lied, das jemand auf der Gitarre spielt.

Der Mond steht hoch über dem Dorotheenstädtischen Friedhof in Berlin. Trotz der Kühle fühle ich einen feinen Schweiß, und wahrscheinlich bin ich sehr blaß. Dennoch gehe ich weiter, gehe lange dahin, an den Gräbern vorbei, unter Trauerweiden und hängenden Büschen, die mich streifen, durch raschelndes Gras und Efeu, der mich am

Rock zieht. Ich bin weit weg von den Menschen. Bleibe im Mondschatten einer hohen Tanne stehen, Atem holend, und betrachte von dort aus die Gräber, selbst beeindruckt von meinem Mut.

Ich bin als letzte unter den Besuchern zurückgeblieben, bin untergekrochen in einer efeuumwundenen steinernen Laube hinter Hanns Eislers schlichtem Würfel aus österreichischem Konglomeratgestein. Habe ausgeharrt, bis ich sicher war, daß nun keiner mehr kommt, und bin herausgeschlüpft aus meinem Versteck, Buch und Taschenlampe im Rucksack, die Fingernägel von der Erde geschwärzt. Dennoch ist meine Angst so groß, daß es mir schier den Atem verschlägt. Doch nun ist es zu spät, ich will drinbleiben bis zum Morgen. Kann endlich, wie ich es mir vorgenommen habe, nun, zum hundertsten Geburtstag meines Vaters, ihn ruhig betrachten, von anderen ungestört. Kann Stunden um Stunden unbehelligt durch die Gräberreihen spazieren, ab und zu den Kopf hebend und in den Himmel blickend, und wenn ich genug davon habe, mein Zwiegespräch mit dem Vater weiterzuführen, dann nehme ich mein Buch.

Soviel Mut, der nun mit dem Mondlicht davonschwimmt, daß ich in der Nähe der Katze bleibe, dem einzigen bißchen Leben hier, und wenn ich mich wegzubewegen wage, kehre ich doch rasch wieder zu ihr zurück. Erst als mein Herz unbelasteter von Ängsten ist, fange ich an, in den Gräbern einen Teil meines Lebens zu suchen, in meiner Erinnerung.

Rätselhafte Irrlichter der Kerzen, die ich angezündet

habe und die sich zwischen Mond und mich einschleichen. Der Friedhof hat mich wie ein schoßartiges Gefängnis umfangen, in dem nur die Toten ruhige und heitere Zeiten verbringen, nicht ich. Um mich Wachs gewordenes Gedenken, steinerner Biskuit. Alles was klassizistisch und fern ist, scheint hier hinzupassen, nur nicht meine kreatürliche Angst.

Vampire, Wiedergänger, Verstorbene, die zu Mitternacht ihre Gräber verlassen und zu leblosen menschlichen Gestalten werden, die auf dem Friedhof herumirren. Als es zwölf Uhr schlägt, spüre ich, wie an meinem Rücken der Stachelbeerflaum aufsteht, und meine Kopfhaut kräuselt sich. Ich raffe die sich sträubende Katze an mich und ziehe meine Spiralen. Deutsche Geschichte, Berliner Geschichte, Geschichte der DDR.

Hans José Rehfisch, ein Freund meines Vaters, einer meiner ersten Bekannten in München, der einst vielgespielte Bühnenautor und Romancier, der ab 1922 zusammen mit Erwin Piscator das Berliner Central-Theater leitete. Brechts wichtigste Mitarbeiterin seit den zwanziger Jahren, Elisabeth Hauptmann, und Ruth Berlau-Lund, die Photographin des Berliner Ensembles. Der Dramatiker Alfred Matusche, der sich mit der Problematik des Widerstands auseinandersetzte. Regisseur Wolfgang Langhoff, von 1946 bis 1963 Intendant des Deutschen Theaters. Der Romancier Heinrich Mann, gleich neben Johannes R. Becher, dem Lyriker und Kulturminister, der meinen Vater in die DDR holte. Bertolt Brecht, mit dem meinen Vater eine »unvollendete Freundschaft« verband; der gemeinsame Plan des Stückes ›Wir warten nicht auf Godot‹ durch Brechts Tod zunichte gemacht. Helene Weigel-Brecht neben dem armen B.B., dessen Haus an einen Teil der Friedhofsmauer anschließt. Brecht hatte sich sein Grab selbst ausgesucht: »Im Falle meines Todes«, schrieb er am 15. Mai 1955, ein Jahr vor seinem Tod, »möchte ich nirgends aufgebahrt und öffentlich ausgestellt werden. Am Grab soll nicht gesprochen werden. Beerdigt werden möchte ich auf dem Friedhof neben dem Haus, in dem ich wohne, in der Chausseestraße.« Brecht wünschte sich einen Zinksarg, um die Würmer fernzuhalten, und einen einfachen Stein, »an den jeder Hund pinkeln möchte«.

Das noch frische Grab Heiner Müllers. Seine sarkastischen Züge verfolgen mich zwischen den Gräbern. Nach seinem Tod zum Helden des Sozialismus hinstilisiert. Sein Begräbnis, eine große Leich, eine Demonstration italienischen Ausmaßes, eine Beschwörung dessen, was war und was die Menschen dort zusammenhielt. Tränen der verlassenen Freunde, Tränen der Überläufer. Sie werden immer weniger, die echten Marxisten, und suchen den Zusammenhalt. Totsagungen in der Presse, Versuche des Exorzismus. Der Teufel Marxismus, in der Gestalt Heiner Müllers personifiziert.

Sein harter Schlaf. Er ruht nicht sanft.

Das Grab des genialen politischen Collagisten John Heartfield, der zusammen mit seinem Bruder, dem Schriftsteller

Wieland Herzfelde, den Malik Verlag gegründet hat. Herzfelde kann meinem Vater auf die Nasenspitze sehen, der, wie Brecht, einen Findling als Grabstein hat.

Den Findling hatte sich mein Vater gewünscht, wie nicht wenige seiner Generation. Findlinge allerorten, Peter Sloterdijk würde sagen: Selbstfindlinge. Selbstsucher. Selbstgeburten.

Man trifft Findlinge unvermittelt am Alpenrand und entlang der Moränen. Sie haben etwas Rätselhaftes, Zusammenhangloses, und oftmals sehen sie wie eine Plastik von Henry Moore aus, gestaltet, behauen, und sind doch ein Eiszeitprodukt. Erratische Blöcke, in die Ebenen transportiert? Viel wissen wir über diese geheimnisvollen Steine nicht.

Mein Vater, der nicht der Sohn seines jüdischen Vaters sein wollte, mein Vater, das »Findelkind«. Sein Abscheu vor Abbildern, sein Pochen auf Unverwechselbarkeit, als laste auf Verwandtschaft ein Fluch.

Der Findling, Inbegriff der Vereinzelung. Seiner mager und groß, ein wenig nach vorn gebeugt wie einst er, nicht ohne Witz. Freiheitssehnsüchte machen vor Steinen nicht Halt. Nichts, was diesen Stein ins Wanken bringt.

Der väterliche Gegenpol. Beständig in der Unbeständigkeit. Ein Stein ohne Eltern und Geschwister.

Augenlos. Hohe, steinerne Stirn. Wildwuchs und doch Kunstobjekt.

Findlinge unter sich.

Anleihen an Hünen und Germanen.

Die sicherste Verankerung für Himmelsstürmer sind Steine.

Die Geisterstunde, dem Riß gewidmet. Der Riß geht durch die Geschichte meines Vaters und berührt, feiner werdend, auch meine. Ostwestmelancholie. Zwei Gesellschaften, die sich 45 Jahre lang immer weiter voneinander entfernten – selbst im Sterben. Im Osten einst fürsorgliche Bewachung des einzelnen von der Wiege bis zum Grab. Gleichgeschaltete Beerdigungen, schmucklose Zeremonien mit kargen Ressourcen. Keine Rituale, Einheitssarg.

Heute freie Marktwirtschaft. Der Tod ist um 150 Prozent teurer geworden, für die meisten DDR-Bürger zu teuer. Das Verhältnis zur Kirche nach wie vor reserviert. Die Auswüchse des Kapitalismus selbst auf dem Sektor des Todes befremden: Grab-Grundstücksangebote »in Teneriffa, 2 m², Hanglage, mit Blick aufs Meer«, in den Steinbrüchen von Barcelona oder an der Cote d'Azur.

Die Lebenden und die Toten im wiedervereinigten Deutschland – ein Thema, das Bände füllt. Hier liegt ein Stück deutsch-deutsche Geschichte begraben.

Dabei geht auch uns, den Menschen der Wohlstandsdemokratie, der finanzielle Atem aus. Von Pompes funèbres ist immer weniger die Rede, auch wir fühlen uns vom Geschäft mit dem Tod hereingelegt. Preiswerte Ausführung wird immer häufiger verlangt. Das sogenannte stille Begräbnis, die stille Urne. Das Geleit von der Aufbahrungshalle zum Grab ist spärlich geworden, knappe Zere-

monien. Immer seltener werden Abschiedsreden gewünscht. Kränze werden immer häufiger durch »Kranzspenden« für karitative Zwecke ersetzt. Verbliebenes Ritual: das Nachwerfen eines Schäufleins Erde und manchmal eines Blumenstraußes, kurzes Gedenken. Musikalisches kaum. Der Trauermarsch von Chopin, ähnlich populär wie der Brautchor aus Lohengrin bei Hochzeiten, ist aus Kostengründen verschwunden. Manchmal ein Geigensolo, eine Klarinette, ein Männerquartett. Für Jäger ein Jagdhorn, für Fiaker das Fiakerlied. In Italien auf dem Land: Trauermarsch oder Internationale, Christdemokrat oder Kommunist. Und immer häufiger nur eine Tonbandcassette.

Die Feuerbestattung, früher von der katholischen Kirche diffamiert, hat in ihrem Ansehen einen Wandel erfahren, gilt nicht mehr als Ausdruck freidenkerischer oder marxistischer Gesinnung. Heute ist jedem Christen die Einäscherung gestattet.

Platzknappheit allenthalben. Urnen wie Konservenbüchsen.

Ich grüße Hans Bunge, den Leiter des Brecht-Archivs, den Lyriker Johannes Tralow, Paul Dessau, den Komponisten, und Bodo Uhse, im ersten Jahrzehnt des jungen Staates DDR Chefredakteur der Zeitschrift ›Aufbau‹, später von ›Sinn und Form‹. Kaum einer hat eine ähnlich wechselvolle Geschichte wie er, eine Geschichte, die mich an das Leben meines Vaters erinnert. Arnold Zweig, der 1948 aus der Emigration nach Berlin zurückkehrte, 1957 Nachfolger Bertolt Brechts als Präsident des Deutschen PEN-Zentrums, bis zu seinem Tod Mitglied der Berliner Jüdischen Gemeinde. Deshalb wurde auch sein Leichnam auf den Berliner Jüdischen Friedhof überführt. Doch dann sprachen DDR-Instanzen bei der Witwe vor und überzeugten sie davon, Zweig auf diesem Prominentenfriedhof, wohl dem einzigen in Deutschland, begraben zu lassen.

Der Hals eines hochgewachsenen Engels leuchtet weiß in der Dunkelheit. Die Katze springt von meinem Arm hinab zu einem kleinen steinernen Kreuz zwischen Fichtes und Hegels Grab. Erinnerungen an deutsche Geistesgeschichte. Und deutsche Geschichte der jüngsten Vergangenheit, die schmerzt.

Efeutomben, der Geruch nach Farn. Ein hohes Stahlkreuz zeigt eine besondere Stätte an. Hier ruhen Justus Delbrück und Hans von Dohnanyi, im KZ Sachsenhausen ermordet, sowie der Theologe Dietrich Bonhoeffer aus dem KZ Flossenbürg. Der Studentenpfarrer in Berlin wurde 1943 wegen seiner Beteiligung am Widerstand verhaftet und 1945 ohne Gerichtsurteil in Flossenbürg gehenkt, er wurde erst kürzlich »freigesprochen«. Hans John, Friedrich August Perels, Karl Otto Marks, Wilhelm zur Nidden, Hans Ludwig Sierks, Rüdiger Schleicher, eingesperrt und ermordet unter dem Vorwurf, als Gegner Hitlers am Umsturzversuch des 20. Juli 1944 beteiligt gewesen zu sein.

Die Katze tänzelt von Grab zu Grab und gibt meiner Besinnlichkeit eine heitere Note. Mit ihrem weißen, um Augen und Maul von einem schwarzen Dreieck gezeichneten Gesicht sieht sie wie ein Totenköpfchen aus, das mich

durch die Gräber geleitet. An der Birkenallee ist Johann Gottfried Schadow begraben, der Schöpfer der Quadriga am Brandenburger Tor, 1795 fertiggestellt und schon 11 Jahre später von Napoleon gestohlen und nach Paris gebracht, nach den Befreiungskriegen zurückgeholt. Unter ihr rückten die Soldaten des 19. und 20. Jahrhunderts zu großdeutschen Taten aus. Die Nationalsozialisten feierten mit Fackelzügen unter ihren Hufen die Machtergreifung und die Olympiade 1936. Doch je mehr man unter ihr triumphmarschierte, desto mehr bröckelte die Quadriga ab, bis 1945 nur noch angeschossene Reste heruntergrüßten, gleich darauf mit der sowjetischen Flagge verziert, die 1955 von den Westberlinern heruntergerissen wurde. 1989/90 schließlich, in der Silvesternacht nach der Wende, wurde sie von den Feiernden erneut demoliert und 1991 repariert.

Grabstätten als Erinnerungsfilm. Die Ruhestätte Christian Daniel Rauchs, neben Schadow der bedeutendste Bildhauer jener Zeit, und das Grab des hervorragenden Klassizisten in Preußen, Karl Friedrich Schinkel, Innenarchitekt, Maler, Zeichner, der die »Neue Wache« Unter den Linden, das Schauspielhaus am Gendarmenmarkt und die Bauakademie in Berlin schuf. Hier auf dem Friedhof lebt diese klassizistische Sepulkralkultur weiter.

Wiederbegegnung mit lebendiger Berliner Geschichte und Kultur, von Tod durchzogen. Und immer noch ist mit uns kein Staat zu machen. Die Erlösung muß weitergeträumt werden.

Unbewußt trägt es mich wieder zum Grab meines Vaters, als gäbe er mir Schutz in der Dunkelheit.

Ich fahre mit der Hand über den Findling. Spüre, wie er aus starr gewordenen Hoffnungen und versteinerten Parolenbrocken besteht. Höre den unruhig pochenden, schmerzhaften Herzschlag des Enttäuschten. Getriebenheit immer noch. Wenn er könnte, würde er die Feder nehmen und schreiben.

Die Hoffnung auf Veränderung verscharrt.

Eine Wolke zieht über den Mond. Es ist so dunkel, daß ich das Grab meines Vaters befühlen muß, um es zu erkennen. Der Stein erwärmt sich unter meiner Hand. Die Kerzen sind ausgegangen, die Nacht wird immer schwärzer. Die Katze streicht um meine Beine, doch sehen kann ich sie nicht.

Ich spüre meinen Vater, fühle seine Kraft, seine Traurigkeit und seinen Mut.

Von der Schwierigkeit, ein toter Schriftsteller zu sein. Die bekannte Formel, zu Recht angewandt: Es ist still geworden um ihn. Die Schnellebigkeit eines Teils seiner Arbeit und das, was davon bleibt.

Vermutlich wird er mit anderen Büchern als jenen, von denen er es sich erhoffte, etwa dem ›Aisopos‹, überdauern. Ausgelöschte Bücher, die außer Literaturhistorikern und Studenten niemand mehr liest.

Schreiben fast bis an den letzten Tag. Ich sehe seinen letzten Manuskripten die wachsende Spannung und Atemlosigkeit an, mit der er dem Druck von außen standzuhalten

versuchte. Er hat die Feder nach jedem Buchstaben abgesetzt, doch scheinen mir die Intervalle dazwischen kürzer. Störrisch arbeitete er bis zuletzt. Er hoffte nicht mehr. Er glaubte nicht mehr. Sein Glaube stellte sich vielmehr als Irrtum heraus. Ein Irrtum, der auch das Leben kosten kann.

Mein Vater wollte nicht sterben und sagte es immer wieder auf seinem Totenbett. Der Inbegriff eines traurigen Todes: dieser machtlose Kampf. Das Herz am Zerreißen. Trauer und Zorn, geballte Fäuste. Die Augen manchmal weit weg. Sein tapferes Lächeln, sein matter Versuch, Kalauer zu produzieren. Mein letzter Besuch in der Charité.

Welche Art von Liebe bringt man einem Vater entgegen, der einen solch bittere Trennung gekostet hat? Eine Liebe durchsetzt von Schuld. Ich habe über ihn geurteilt, ihn verklärt. Und doch habe ich ihm nicht genug Aufmerksamkeit gewidmet.

Ich habe wenig an ihn gedacht, als er unsere Familie verließ, an das Leben, das er führen wollte. In meinem Kopf fand ein Leben in der DDR kaum Platz. Erst viel später habe ich es mir zurückgeholt.

Doch als er starb, begann sich in mir etwas zu bewegen, nun, da es zu spät war, mit ihm zu sprechen. Ich fühlte, wie sehr wir aneinander vorbeigegangen waren.

Wir waren sehr verschieden, und doch waren wir uns nahe. Es war nicht einfach, einander zu lieben. Sein Leben war für mich so weit und unbestimmt. Das Verlangen, sich mit ihm auseinanderzusetzen, stellte sich erst nach seinem Tod ein. Damit wuchs die Gefahr, aus den Augen zu verlieren, was uns trennte. So groß war die Sehnsucht, ihn mehr als alles zu lieben.

Er war immer sentimental gewesen, nun hatte er Angst vor seinen Tränen. Er ließ es nicht zu, zu weinen. Ich glaube, das kostete ihn die meiste Kraft. Er rang nach Würde, nach Luft. Das beste war, einfach anwesend zu sein. Über Gefühle konnten wir kaum reden, aus Angst.

Die Aufgabe, mich immer wieder mit meinem Vater zu beschäftigen, vielleicht ein Leben lang. Meine Trauer. Zu vieles unausgesprochen, um mit all dem Ungesagten fertig zu werden.

Ich habe ihn losgelassen und bin gegangen. Ich habe gespürt, daß er das so wollte. Er wollte mich nicht mit seinem Sterben belasten.

Lebenslänglich war mein Vater verurteilt zu einer leidenschaftlichen Existenz. Ein Leben so voller Anstrengung, widersprüchlich und wirr, daß kein Raum blieb zur Versenkung, keine Zeit zu ruhiger Betrachtung. Ein fast hysterisches Leben, gehetzt, voll fehlgeschlagener Anfänge und innerlicher Zerrissenheit.

Es war die Ruhe, die er nicht ertrug. Jene Ruhe, zu der er nun verurteilt ist, zusammen mit diesem Stein, der ihn beschwert und niederhält, mit diesen Blumen, die allmählich verwelken, mit der Schrift, auf der sein Name im Staub verblaßt. Die Katze setzt sich auf seine Brust und erstickt ihn fast mit ihrem warmen Leben. Ich beuge mich hinunter und schiebe sie ein wenig zur Seite.

Der Mond kommt wieder weißgelb hervor, sein Licht

ergießt sich über den Stein. Ich kauere mich neben dem Grab nieder und hole aus meinem Rucksack die Flasche mit Wasser, nehme einen Schluck.

Ein Leben voll Spannung, wie es sich so gehört bei einem echten Expressionisten, dabei hatte er gar kein überschäumendes Temperament. Nur mit seiner Arbeit konnte er das Leben aushalten. Vielleicht weil er fühlte, daß sonst alles leer gewesen wäre.

Der Dämon der Intensität. Großartige Ideen vom Leben, von der Liebe und vom Erfolg. Immer das Unerreichbare vor sich. Steckt da nicht Todessehnsucht dahinter, der Wunsch, sich zu verbrennen? Die Lust, Grenzen zu überschreiten, welche auch immer – auch die Grenzen des eigenen Ichs. Sich selbst ein Leben lang umkreisen, voll Verlorenheit.

Die Existenz eines modernen Menschen. Ein Leben, in dem veränderte Gefühle, das sensiblere Bewußtsein des Alters, keine Hilfe, sondern ein Verhängnis waren. Leben und Gefühle paßten nicht mehr zusammen.

Dreimal mußte sein Herz brechen, ehe er sterben konnte.

Der Tod der Großmutter

Nichts geschieht ein zweites Mal,
auch wenn es uns anders schiene.
Wir kommen untrainiert zur Welt
und sterben ohne Routine.
Wisława Szymborska
(übersetzt von Karl Dedecius)

»Nimm diese Ohrringe aus meinen noch warmen Händen«, sagte meine Großmutter, kurz bevor sie starb. Ich liebe diese Ohrringe und trage sie nie, ohne mit Trauer an sie zu denken.

Meine Großmutter hat, sich vom Leben verabschiedend, Stück um Stück von sich gelassen. Sie stimmte mit dem Tod ihre Bedingungen ab: Ein »sauberer Tod«. Alles hat sie vorbereitet und für uns genau aufgeschrieben, was »im Fall ihres Todes« zu tun sei. Sie hat loslassen geübt. Ich hatte sie lange um das Behagen beneidet, das sie dabei verspürte, indem sie stets wußte, wohin sie gehen würde. Sie durchmaß ihr ganzes Leben ohne jene schreckliche Ziellosigkeit, mit der die meisten heute zu tun haben, und versuchte, ihrem Tod einen Sinn zu geben, der in ihrem Glauben lag.

Ein halbes Jahr vor ihrem Tod jedoch entdeckte ich, daß sie scheute, wie vor einem unbetretenen dunklen Zimmer, einem Zimmer, das ihr unheimlich war. Sie spürte ihre Ohnmacht. Ihr Glaube und all das, was damit zusammen-

117

hing, ihre Unbeirrbarkeit, ihre zuversichtliche Laune und ihre Tapferkeit, fielen in sich zusammen. Ein neu erwachter, qualvoller Argwohn stieß sie hinaus in eine wilde Welt der Verluste. Als es ihr schlechtging, lag sie nächtelang wach und haderte mit dem Tod, in sich ein feines Nagen wie von einem Holzwurm. Die Irritation der letzten Tage trennte sie von ihrem Kinderglauben, der noch einen ins Alter hinübergeretteten Zauber besessen hatte. Sie wurde eingeholt von einer kalten Wirklichkeit.

Mit einem Mal waren all diese poetischen Sterbesätze aus ihrem Vokabular herausgeschnitten. Und was mich früher an ihr gestört hatte, diese geheuchelten Wortgebäude – nun war ich es, die sie suchte, um meinen Traum von einem heimeligen Tod meiner Großmutter nicht zu verlieren.

Ihre Augen, mit denen sie mich dann ansah, kamen aus weiter Ferne, als säße sie bereits in einem abhebenden Ballon.

Wir leben, als gebe es immerfort einen neuen Tag. Es ist so angenehm, an den Fortschritt zu glauben, irgend etwas können wir immer dafür tun, daß es uns besser geht, daß wir erfolgreicher sind, noch wohlhabender, noch abgesicherter und gegen alle Unbill gefeit. Das Leben ein Kampf, den wir gewinnen wollen, der Tod unser größter Feind.

Ist es ein Leben ohne Auf und Ab, das wir uns wünschen, ohne Stirb und Werde, ohne Übergänge, Rückschritte, gar Verlöschen, Aufgeben, Loslassen, Sich-Fügen, Verstummen? Unser Denken über den Tod als Kampf und Konfron-

118

tation hat viel mit unserem Verständnis vom Leben zu tun. Unser Tod erklärt unser Leben. Unser Leben erklärt unseren Tod.

Es fällt uns schwer, die Bedingungen zu akzeptieren, unter denen wir auf die Welt gekommen sind: Der Tod als Endpunkt einer fortlaufenden, uns gegebenen Zeit zur Entwicklung, als letztes Ereignis in einer Reihe einander ablösender Zyklen.

Wir tragen immer schwerer an unserer Sterbefurcht, wir Menschen von heute. Ein langes Leben, ein kurzer, rascher Tod, ohne Schmerzen, mitten aus dem Leben gerissen, gilt als erstrebenswert. Am liebsten wollen wir tot umfallen, hinterrücks gefällt. Sterben, am besten so, daß wir den eigenen Tod nicht bemerken. Sterben ohne Tod.

Wie ungenügend, wie fragwürdig, wie unsicher im Tiefsten sind unsere Vorbereitungen. Wie triumphal beherrscht der Gedanke an lange Gesundheit unser Leben. Krankheit und Sterben sollen keine Rolle spielen.

Einsparungen im Gesundheitswesen: wieviel kostet ein Tod? Die apparative Lebensverlängerung, der hochtechnisierte Kampf gegen den Tod. Das Kosten-Nutzen-Prinzip, der Tod, zum Rechenexempel verkommen. Computer am Krankenbett. Bei aussichtslosen Fällen erscheint auf dem Bildschirm ein schwarzes Kreuz.

Sterbekurse für die Lebenden. Therapeutenseminare zum Thema Höllenreisen mit praktischen Übungen.

Umgeben von umtriebigem Wissen und raschen Diagnosen gehen wir in Hospitälern unseren letzten Stunden ent-

gegen, und wenn die Furcht gar zu groß wird, kommt häufig nicht der Pfarrer, sondern der Psychologe, um uns mit seinen Beschwichtigungsformeln zu beruhigen. Schrumpft so die Furcht, wird sie so flach?

Entwurzelt, ohne Glauben, haben wir das Empfinden, daß Sterben Zeitverschwendung ist, nicht anders als Schmerz und Leiden. Hastig reduzieren wir unsere Begräbnis-Riten auf Sekunden, damit alles rascher vorbei ist. Die Zwiegespräche mit den Toten, seit der Antike eine Tradition auch in der Literatur, sind geschwunden. Hin ist hin und tot ist tot. Und für die Formalitäten und nun einmal notwendigen Zeremonien gibt es eine Instanz, die Sorge zu tragen hat, daß die Entsprechungen, die wir an Stelle der Trauer setzen, angemessen ausfallen. Quintessenz, wenn einer zuviel trauert: indignierte Blicke, nun ist's aber genug. Es muß einem schließlich gelingen, aufzuhören mit diesem Gejammer.

Das unersättliche Bedürfnis meiner Großmutter nach Berührung in ihren letzten Wochen, das etwas Kindliches hatte. Stets suchte sie meine Hand, schmiegte den Kopf in meinen Handteller und bäumte sich mir leicht entgegen, wenn ich sie umfing.

Ich genoß diese ungewohnte Nähe, derer sie sich früher mit einem spöttischen Satz erwehrt hätte. Es fiel mir schwer, nicht zu weinen, warum nur weinte ich nicht?

Ihr Hunger nach körperlichem Abschiednehmen. Ihr zahnloses Lächeln, ihre fernen Augen. Ihre Sorge um meine

Mutter, ihr Kind, das den ersten Platz einnahm in ihrem restlichen Leben. Ihr Dank.

Durch ihren Dank schied sie im Gleichgewicht. Kurz bevor sie starb, dankte sie uns allen, mit einfachen Worten. Nun erst dankten wir ihr, durch sie darauf gestoßen. Ihr Atem war voller Erleichterung. Ihr Leben war nicht sinnlos gewesen, nicht nutzlos! Um wieviel leichter wurde ihr der Tod, weil sie wußte, sie hat uns gutgetan.

Sie ist ganz einfach am Alter gestorben, meine Großmutter, mit 94 Jahren. Nicht am Herzinfarkt, auch nicht an Harnvergiftung oder Schlaganfall. Ende eines Prozesses, dessen Vorstadium bei ihr einen langen Zeitraum einnahm. Ein schwindendes Enden, ein Immer-Weniger-Werden, ein Verlöschen. Mit kleiner werdendem Körper, immer magereren Armen, Händen wie Krallen, kleinen runden Augen, verhauchender Stimme, die konstatierte, was von ihr noch übrig war. Mit verendenden Gesten, während die Welt immer weniger durch ihre beschlagenen Augen drang. Vielleicht mit verschlissenem Herzen, verschlissenen Adern, verschlissenen Gefäßen. Sie ist gestorben, weil ihr Leben zu Ende war.

Mein Tod, hatte sie immer gesagt. Und ihr Tod ist es auch geworden.

Die Frau in der Vitrine

Nicht bleich verfärbt, sondern wie Schnee so rein,
in großen Flocken sanft herabgeflogen,
schien sie nur eine Ruhende zu sein.
Schlaf war in ihre Augen eingezogen,
der Geist schon fern von ihr auf stolzen Flügen.
Und wer das Sterben nennt, hat sich betrogen –
der Tod schien schön auf ihren schönen Zügen.

Francesco Petrarca

Eine Nacht der Angstträume ist vorüber und ich erwache
von Geistern umgeben, von denen ich am Abend zuvor noch
nichts wußte. Ich schleudere die Bettdecke von mir und
stehe auf, dusche, ziehe mich an, knöpfe die Jacke zu, eile
die Treppen hinunter zu meinem Rad und fahre los, quer
durch den Englischen Garten.

Ich trete in die Pedale, von dieser grauenhaften Behinde-
rung des Nachts, als ich gelähmt vor meinen Verfolgern
stand, befreit. Ich radle in großen Sätzen, rette mich. Falle
in die Arme des Nordfriedhofs. In den Beinen fühle ich ein
leises Kribbeln, das kommt vom kräftigen Treten. Wenn ich
den Mund öffne, schmerzt auf den Zähnen die Kälte.
Herbstblätter fallen ab und zu herab. Diesmal eile ich mit
großen Schritten durchs Tor und biege geradewegs nach
rechts zur Aufbahrungshalle ein. Ich fühle, was mich so
angezogen hat.

Eine Frau in meinem Alter, in einem weißen Kleid, und

nichts mehr auf der Welt, das für sie noch zählt, die Hände gefaltet, ausgebreitetes lockiges dunkles Haar, Blumen um Haupt und Hände. An ihrer rechten Hand funkelt ein Ring. Eine Fliege prallt an dem Glas ab, summend protestiert sie, unhörbar für die Ohren der Toten.

Ich sehe sie an. Jelena, eine Kroatin. Sie hat Kinder oder Enkelkinder, die ihr Spielzeug auf das Totenbett legten, ein kleiner Affe aus Stoff, ein Legohäuschen, ein Wildschwein, selbstgenäht, mit kräftigen Borsten. Eine Frau vom Land, denke ich, die selten lächelte, so ernst ist ihr Gesicht. Vielleicht arbeitete sie als Putzfrau und schwitzte abends über den Töpfen, wenn sie, erschöpft und mit Rückenschmerzen, zurückkehrte und für ihre Familie kochte.

Und ab und zu, wenn sie zu Besuch in ihre Heimat fuhren, ging der Mann auf die Jagd, und es gab Wildschweinbraten.

Ich unterwerfe mich ihrer Reglosigkeit und blicke sie an. Die einzige Aufgebahrte diesmal. Immer mehr Menschen sträuben sich gegen diesen Brauch. Sie wollen nicht, daß der Gedanke an den Tod das Leben mehr als notwendig überschattet, der ihre Umtriebigkeit so nichtig macht. Die Menschen aus anderen Ländern jedoch, die bei uns wohnen, kennen dieses Unbehagen nicht. Sie lassen ihre Toten triumphieren, heben sie in aller Pracht noch einmal aus den Lebenden heraus.

Kann sein, daß ich vom Süden beeinflußt bin, wo man die Aufbahrung als etwas Normales empfindet. Das physische Ekelgefühl beim Betrachten eines Toten, das bei uns so viele Menschen äußern, kenne ich nicht mehr.

Die Frau hat einen Ausdruck im Gesicht, der meinem ähnlich ist, mir ist, als sähe ich sie dadurch mit anderen Augen. In dieser Ähnlichkeit spüre ich etwas Abbildhaftes, das auch im gleichen Alter liegt. Früher, als ich noch jünger war, hat mich der Gedanke an eine Familienähnlichkeit gestört und ich pochte auf meine armselige Individualität, durchdrungen vom Wunsch der Einmaligkeit. Heute freue ich mich über das, was auch mein Äußeres mit Mutter, Vater, Schwester und Sohn verbindet, und ich bin stolz darauf. Vielleicht haben mich meine italienischen Freunde damit versöhnt. Sie sind stets bemüht, ein klares Bild der Abfolge abzuringen – dort ein Mal, da ein Lächeln, dort eine Nase, ein Grübchen – ganz die Mamma!

Doch hier geht es nicht um Sippe, sondern um die Überwindung einer Zwischenzone. Zwischen mir, der einsamen Betrachterin, und der Toten entsteht etwas wie Vertrautheit. Als ob wir einander schon immer gekannt hätten, empfinde ich eine warme Welle von Schwesterlichkeit. Wir sind nicht weit voneinander entfernt. Sie ist mir vorausgegangen, diese Frau mit dem ruhigen Gesicht, mit dieser Aura von Lebenskraft, die ihren Körper umgibt. Sie reicht mir helfend ihre Hand, umgeben von Rosen, Gold und Kerzen.

Meine Schwester im Übergangsstadium, im Zwischenbereich. Auf dem Wege zu einer Verwandlung.

Im Volksglauben lebt sie noch eine Weile fort, hört mich, fühlt mich, weiß, daß ich sie besuche. Für falsches Verhalten kann sie sich rächen, ja, sie besitzt angeblich sogar noch einige Lebensfunktionen. Besänftigungsformeln, Vorsicht sind geboten, dieses unheimliche Wesen könnte sich rächen, es ist mächtig, kann wiedergehen und »nachzehren« ...

In meinem Kopf mischen sich archaische Losungen mit christlicher Unterrichtung, von Vernunft durchwachsen. Augen zudrücken, Mund schließen – Tote sollen nicht sehen, nicht sprechen.

Ich blicke die Tote an. Ich will sie erkennen. Will wissen, was ist.

Anfang der Philosophie.

Sie liegt ein wenig erhöht, damit ich sie besser betrachten kann. Eine Frau, die an Gott glaubte – um ihr Handgelenk ist ein Rosenkranz gewunden.

Sie ist mir zugewandt. Früher, als die Toten zu Hause aufgebahrt wurden, mußten sie zur Tür blicken, anders – so glaubte man – hätte man sie später nicht mehr aus dem Haus gebracht. Für Freunde und Verwandte war es unerläßlich, die Toten zu besuchen, und ein Bedürfnis, für sie zu beten. Totenwache bis tief in die Nacht, Rosenkranzgemurmel, schwarzumhüllte Gestalten, meist Frauen, die Brot, Branntwein und Bier verteilten und Geschichten erzählten, wie die Bilder in der Todesstunde anfingen zu rutschen. Brautkränze schmückten die kleinen toten Mädchen, das Kissen war umsteckt mit Rosmarin, dem Totenkraut.

Pompöse Aufbahrungen bei Hofe, auf Kupferstichen, handgemalten Totenbettbildchen und Beschreibungen erhalten.

Der »ach leider entblaßte Leichnam weyland Kaiser Karls VII.« wird 1745, Gerippe, Chronos und alle Orden des Toten auf Samtkissen gebettet, ausgestellt. Ludwig II. auf den Aufbahrungsphotographien, majestätisch in einem Meer brennender Kerzen ruhend, umgeben von Jasminkränzen und Girlandenpracht, Rosen, Zypressen, Lorbeerbäumen und Fächerpalmen.

In den 50er Jahren nahm mich meine Großmutter zur Aufbahrung Kardinal Faulhabers mit. Die Männer nahmen den Hut ab, die Frauen neigten den Kopf, und Hunderttausende zogen an diesem Inbild eines Kardinals, im Gewand aufgebahrt, vorbei. Mit weißer Trauermitra, Krummstab und Brustkreuz bewehrt, lag er kerzengerade im Eichensarg und nahm die Parade ab. Solch ein Blütenmeer habe ich nie wieder gesehen, rote und gelbe Rosen, Fronleichnamsbirken, Oleander, Kränze und Sträuße umrahmten den Toten und ließen den Frauen Seufzer der Anbetung entschlüpfen.

Leichenhäuser wurden ab 1819 gegründet, und die häuslichen Aufbahrungen gingen zurück. Der Tote wurde in öffentliche Schauhäuser entführt. Erst 1969 wurde das Klassensystem bei Aufbahrungen abgeschafft. Heute macht man sich keine Mühe mehr, sich etwas einfallen zu lassen. Geschlossener Sargdeckel, Dauertopfpflanzen, Kerzen, einheitlicher Aufbahrungsschmuck. Nur mit dem Sargbukett kann der Tote aus der Reihe tanzen, ehe er in die Erde sinkt.

Und sollte eine Aufbahrung gewünscht werden: antiseptisches Glas dazwischen, das jeden Berührungswunsch abhält.

Todesphobie. Ansteckungsgefahr.

Diese Arme wirken kräftig, diese Hände haben zugepackt. Ihre Beine kann ich nur ahnen unter dem weißen Kleid, sie scheinen kraftvoll und gerade, wie geschaffen für den Gang über die Felder, – hat sie getanzt? Warf sie ab und zu das Haar nach hinten, wenn sie durch die Straßen ging? Blieb sie manchmal stehen, um ihren Rücken zu strecken, der schmerzte vom vielen Bücken? Wann ist sie nach Deutschland gekommen? Ob es hier auch deutsche Freunde gab? Feierte sie hier Feste? Wo lernte sie ihren Mann kennen? War es die große Liebe, eine gute Ehe? Wo starb sie, fast muß man schon fragen: in welcher Klinik ereilte sie der Tod? Was hörte sie zuletzt, die Stimme ihres Mannes, die der Krankenschwester, Schritte im Flur? Starb sie allein? Was sah sie zuletzt? Das Kreuz gegenüber ihrem Bett, den Putzkübel auf dem Boden, die blitzenden Kacheln im Bad?

Was wissen wir voneinander, solange wir leben?

Ich stehe immer noch da, ein Begräbnis lang, und sehe Jelena an. Das Blut pocht hinter meinen Schläfen, im Kopf fühle ich einen Schwindel, so anstrengend ist dieses Heraustreten aus meiner begrenzten Welt. Ich erinnere mich an einen alten Freund, dessen Sohn bei einem Motorradunfall ums Leben kam. Erst da floh er aus seiner väterlichen Unwissenheit und machte sich auf, von Freunden und Freundinnen seines Sohnes Näheres über sein Kind zu erfahren.

Die wirklichen Geheimnisse, die uns von unseren Kindern trennen, können wir nur fühlen.

Manchmal gelingt mir ein kleines Triumphgefühl, wenn ich es schaffe, mich angesichts eines Toten mit meiner Zukunft zu versöhnen.

Doch was war das? Ich zucke heftig zusammen, als hätte mich ein Blitz getroffen. Hat sie mich mit ihrer Reglosigkeit betrogen? Unter dem weißen Kleid schien sich ihre Brust für einen Augenblick zu heben, sie schien zu atmen. Ich möchte davonlaufen, mich am liebsten verstecken. Doch dann sage ich mir, daß es Einbildung ist, ein Auswuchs meiner Projektion, ein Wunschdenken, eine Phantasie, vielleicht meine Sehnsucht, niemals zu sterben.

Und doch, und doch. Im Tod ein Hauch von Leben, eine Auflösung, kein Widerspruch.

Die toten Dichter

Der Tod ist groß.
Wir sind die Seinen
lachenden Munds.
Wenn wir uns mitten im Leben meinen
wagt er zu weinen
mitten in uns.

Rainer Maria Rilke

Wir sind fast die letzten bei diesem Trauerzug, der sich zögernd in Bewegung setzt. Die Reden haben wir hinter uns gebracht, und ich weiß, er versäumte kein Wort, keine Bewegung, keine Regung, als er, in Gedanken versunken, an der Säule stand, ganz Schriftsteller, ganz Auge und Ohr. Während mein Blick hin und her ging zwischen ihm und den Rednern, die das zu sagen versuchten, was mit Worten nicht auszudrücken ist.

Dunkle Rücken vor uns, und ab und zu heben wir den Kopf, um nach vorn zu sehen, wo der Sarg Wolfgang Koeppens durch den Nordfriedhof getragen wird. In Gedanken pflege ich Umgang mit dem Toten, wir neigen uns flüsternd einander zu, um uns auszutauschen, Günter Herburger und ich. Ich sehe sein mager gewordenes Gesicht, den schmalen Körper und fühle Angst um ihn, auch wenn er mich mit seinen sarkastischen Bemerkungen manchmal zum Lächeln bringt. Nicht das letzte Begräbnis eines schreibenden Kol-

legen, denke ich, das wir gemeinsam durchlaufen und durchdenken.

Moosgeruch, bei Begräbnissen mehr denn je das Gefühl, Fleisch zu sein. Nebelwölkchen aus den Mündern, ab und zu am Himmel ein Fleckchen kühles Blau. Nasse Füße, wie bei Begräbnissen meist, modriger Geruch aus dunklen Jacketts. Matte Seufzer der Frauen, ab und zu, ganz verschiedenartige Seufzer, blasse, zurückgenommene und volle, aus tiefstem Inneren kommende, kurze, gekappte. Schatten um Günter Herburger, die mich mit Sorge erfüllen. Ich baue auf seine Kraft, seine Verzweiflung, seinen Mut.

Der Trauerzug schlägt einen Haken, wir sind da. Die Sonne wirft ihr plötzliches Licht auf die aufgestellten hellen Birken, der Sarg ruht zwischen den bunten Kränzen und Blumen, leichte Nebel steigen vom Boden auf. Dampfender Atem aus den Mündern der Menschen rundum, zusammengepfercht wie Rinder, Stallwärme, in der wir uns bergen. Nach und nach gehen die Menschen auf das Grab zu, die meisten mit gemessenem Schritt; alt, ohne Schwung, fast vorsichtig, träufeln sie Erde auf Wolfgang Koeppen. Die Aura der Einsamkeit um die Hervortretenden. Der alte Schriftsteller, der aus der Menge hervortaumelt, mit unkoordinierten Schritten, sein überstürzter Abgang. Die junge Bewunderin schleudert Erde hart an Koeppens Schädel vorbei. Der massig gewordene Verleger, ein die Tiefen auslotender Wurf. Melancholische Journalisten, sich innerlich bereits kritische Wendungen notierend. Die Dame im langen Mantel, die sich beinahe hinwirft, als gelüste es sie nach letzter Vereinigung.

Herburger zieht die Schultern hoch im zu engen Jäckchen, Zeigefinger an die Stirn als Gruß, und ab. Zuvor noch ein Aperçu, mir ins Ohr geflüstert.

Die Liebe zu Schriftstellern, unseren Gefährten gegen die Einsamkeit. Der einzige Besitz, den sie uns bringt, ist ein Buch.

Die Liebe zu einem Buch kann eine Liebe bis zum Grabe sein. Manchen Autoren ist es bestimmt, uns nur für eine Weile zu begleiten, sie teilen die Sorgen unserer jungen Jahre, unserer Reife oder unserer letzten Tage.

Die Liebe zu einer Bibliothek. Sterbende Bibliotheken, nach dem Tod ihres Besitzers aufgelöst. Bücherverbrennung. Bücher nach der Wende: Bücher in der Vorhölle, auf dem Müll.

Besser als manche Freunde teilen Bücher unsere Freuden und begleiten unsere schmerzlichen Verluste, unser Schicksal, unsere Verwicklungen. Büchern verdanken wir unsere Idee von Liebe in ihrer schönsten Gestalt. In Büchern lesen wir zum ersten Mal vom Tod, vom Sterben, von Schmerzen und vom Abschiednehmen. Bücher lehren uns eine Auseinandersetzung mit Gott, mit Engeln, Teufeln, dem Tod.

Max Frisch lehrt mich in seinen ›Tagebüchern‹, Fragen zu stellen – um Leben und Tod. Von Robert Louis Stevenson lerne ich, das Gute und Böse in mir zu akzeptieren. Von Anne Philipe erfahre ich, was Trauer sein kann. Leo N. Tol-

stoj vermittelt mir in seiner Erzählung ›Drei Tode‹ auf gleichnishafte Weise die Problematik des Todes: »Drei Wesen sind gestorben«, so Tolstoj, »eine Herrin, ein Bauer und ein Baum. Die Herrin ist erbärmlich und widerlich, weil sie ihr Leben lang gelogen hat und auch vor dem Tod lügt. Das Christentum, wie sie es versteht, vermag für sie die Frage von Leben und Tod nicht zu lösen ... Der Bauer stirbt ruhig .. ihm ist dieses Gesetz (des Geborenwerdens und Sterbens aller Kreatur) wohlbekannt ... Der Baum stirbt ruhig, aufrecht und schön. Schön – weil er nicht lügt ...« Von Goethe erfahre ich in den ›Wahlverwandtschaften‹, welche Bedeutung ein Grabdenkmal haben kann. Edgar Lee Masters zeigt mir in seinen Gedichten ›Die Toten von Spoon River‹ das Leben in all seiner Vielfalt und Vergänglichkeit. Jutta Schutting bestätigt mir die Fragwürdigkeit und das Sinnvolle zugleich von Trauerriten. Simone de Beauvoir zeigt mir in ›Ein sanfter Tod‹, was Grauen sein kann: Verzweiflung, das Schwanken zwischen Hoffnung und Furcht, der Mangel an Trost. Camus gibt mir Mut und Kraft. Ingeborg Bachmanns ›Todesarten‹ – der Schatten um einen Menschen, lebenslang. Elisabeth Bronfen, Jahre ihres jungen Lebens über die »weibliche Leiche« gebeugt. Hans Henny Jahnn, der auf die Grabplatte seines 1931 gestorbenen Freundes, neben dem er später begraben wurde, die Worte setzen ließ: »Allmählich ist die Liebe unser Eigentum geworden«. In dessen Träumen Harms den Stein bewegte und als Toter wiederkam. Sein Versuch, schreibend zu dem Toten vorzudringen und seiner Liebe in ›Fluß ohne Ufer‹ ein Denkmal zu setzen.

Harold Brodkey, aidskrank, auf dem Totenbett, seiner Frau Ellen Schwamm letzte Worte diktierend: »Das Ärgerliche am Tod auf der Türschwelle ist, daß es einem selber passiert. Und auch, daß man nicht länger der Held seiner eigenen Geschichte ist, nicht einmal deren Erzähler.« Inge Müller, das Akkordeon beiseite legend, ihr dreimaliges Verschüttetsein verdichtend, Falltiefe bekannt. Cesare Pavese, die Feder nehmend, um seinen letzten Satz zu formulieren: »Nicht Worte. Eine Geste. Ich werde nicht mehr schreiben.« Elias Canetti, in der Nacht seiner »tiefsten Erniedrigung«, als er sterben wollte, sich Paveses Tagebuch greifend: »Und er starb für mich. Es ist schwer zu glauben: durch seinen Tod bin ich heute neugeboren. Es ließe sich diesem geheimnisvollen Vorgang nachgehen: ich will es aber nicht tun. Ich will nichts antasten. Ich will es verschweigen.« Juan Carlos Onetti, in seinem letzten Roman ›Wenn es nicht mehr wichtig ist‹ seine Hauptfigur das Wort »Tod« schreiben lassend. Es soll nicht mehr sein als ein »mit zitternden Fingern geschriebenes Wort«. Seine Vorübungen: ›Das kurze Leben‹, ›Leichensammler‹, ›Der Tod und sein Mädchen‹. Der todes- und schmerzsüchtige Michel Foucault, genußvoll seine Obsession beschreibend: Nur den Anschein eines Todes, einen Scheintod wünschte er sich: »Natürlich müßte alles prunkvoll sein«, notierte Guibert Foucaults Worte, »prächtige Bilder und sanfte Musik, aber nur, damit des Pudels Kern besser versteckt wird, denn ganz hinten in dieser Klinik gäbe es eine kleine Tür, vielleicht hinter einem dieser Bilder, die einen ins Träumen bringen,

man würde in der einlullenden Melodie des Nirwana aus der Spritze verstohlen hinter das Bild schlüpfen und schwups! wäre man verschwunden, tot in aller Augen, und man würde auf der anderen Seite der Wand wiederauftauchen, im Hinterhof, ohne Gepäck, mit nichts in den Händen, ohne Namen, und man muß sich eine neue Identität erfinden«. Und nie, so berichtet Hervé Guibert, habe Foucault so lauthals gelacht wie zum Zeitpunkt seines Sterbens. Endlich nicht mehr länger sprechen, zuhören, suchen, in einem Käfig sitzen müssen. Prinzipien hinter sich lassend, die keine Gültigkeit mehr haben, die Schwelle überschreiten, die ihn von all dem trennt. Nur noch »Wortstaub« sein...
Colette, die ihre Gespräche mit den Freunden so sehr liebte, daß sie sie mit einem tiefen Seufzer bat, sie zu besuchen, wenn sie »in den steinernen Armen des Père-Lachaise ruhen werde« – ein Leben in den Armen von Männern verbracht, nicht anders im Tod. Pier Paolo Pasolini hat Antonio Gramsci, dem nach langer Haft gestorbenen Kommunistenführer, eines seiner schönsten Gedichte gewidmet: ›Le ceneri di Gramsci‹ (Gramscis Asche).

Unsere verbrannten Dichter. Versuchte Auslöschung einer Reihe deutscher Schriftsteller aus unserem Gedächtnis. Walter Hasenclever, Ernst Toller, Eugen Gottlob Winkler, Gustav Landauer. Adam Kuckoff wurde 1943 in Plötzensee mit dem Handbeil hingerichtet.

Die Verlorenheit des Lebens, von Schriftstellern immer wieder dargestellt. Schreiben aus Verzweiflung, aus Trauer, aus Armut und Not, aus Bedrohung ... Schreiben gegen das

Unglück, das Hitler und seine Helfer über Europa gebracht haben und das bis heute fortwirkt. Nach Auschwitz könne man keine Gedichte mehr schreiben, hat Adorno erklärt. Schnurre hält dagegen: Auschwitz im Rücken, den Menschen vor Augen. Er gibt zu bedenken, ob es nicht weit ärger sei, nach Auschwitz noch Schlaf zu finden, als Gedichte zu schreiben.

Im Schreiben professionell, im Leben Autodidakt: Schriftstellerleben. Leben voller Bedrängnis, voll Wut und Zorn. Aber auch voll Nachsicht, Barmherzigkeit, Würde, Veränderungsmut. Wenig heile Menschen, das ist wahr, versehrte, verwundete, scheiternde, sterbende Menschen. Schriftsteller wollen nicht zu Ende führen, das Buch zuklappen und aus. Sie lassen offen, mit ihrem Tod ist das Buch noch lang nicht vorbei. Und wo keine Würde zu finden ist, schreiben sie über die Würdelosigkeit.

In unseren Schriftstellern erkennen wir unser Leben und unsere Todesarten. Was liegt näher, als sie auf ihrem letzten Gang zu begleiten?

»Gehen wir heute zu Rahel?«

»Nee, zu Heiner.«

»Da war'n wir doch erst.«

»Rahel hat Wurzeln. Heiner noch nicht.«

Abstimmung, welchen Toten wir heute besuchen, Rahel Varnhagen auf dem Dreifaltigkeitsfriedhof oder Heiner Müller auf dem Dorotheenstädtischen. Am Ende gebe ich meinem Gefährten recht: erst jenen beistehen, die am schwächsten sind, den Neuen, so seelenallein.

Sie laufen nicht weg, sie warten, die Schriftsteller. Friedhöfe sind auch Literaturgeschichte und zeigen uns, was nicht in den Büchern steht. Eine Unmenge von Scherben und Steinchen auf Rahels Grab. Ein Brief, im Efeu versteckt. Fontanes Ruhestätte auf dem Friedhof der Französischen Gemeinde: jemand hat einen Zeitungsausschnitt über Grass hingelegt. Ein in Plastik eingebundenes Exemplar des ›Ulysses‹ für James Joyce in Zürich. Zettelchen zu seinen Füßen, mit Fragen und Anmerkungen zu seinen Werken, eine Karteikarte mit Notizen für eine Joyce-Examensarbeit, Blumen und Briefe. Ringelblumen auf Koeppen, eine kleine Taube aus Papier. Eine alte DDR-Ausgabe von Heines Gedichten auf seinem Grab in Montmartre, dem er, wie er schrieb, acht Monate lang »ruhig entgegen lag«. Auf Heines letztem Gang notierte Flaubert erbittert nur neun Personen: »O Publikum! O Lumpenpack! Ihr Elenden!« Nie ein Strauß für die Frau an seiner Seite, die Bäuerintochter Créscence Eugenie Mirat, mit der ihn eine fünfzehnjährige Ehe »moralisch wie in Krähenwinkel« verband. Rote Nelken, wie man sie zum Ersten Mai auf den Demonstrationen im Knopfloch trug, auf Heiner Müllers Grab, rote Rosen, das Kommunistische Manifest, rot eingebunden. »Danke, Stephan!« Ein Zettel auf Stephan Hermlins frischem Grab, das seine Witwe Irina erstritt – das letzte Grab auf dem aufgelassenen Friedhof. Mit ihm starb abermals ein Stück DDR.

Bin ich in Berlin, zieht es mich stets zu meinem Fundament, an meines Vaters Grab. Nichts als Efeu, dunkles, feuchtes Wurzelgeflecht; ganz durchweicht, mein letzter Brief. Der neue ist frisch und glatt.

Letztes Kapitel:
Einen Knochen für Mama, einen für Papa und einen ins Buch

Wahrer Tod ist der, der die Dinge weiterschleppt
so wie sie sind
Tag für Tag, Jahr für Jahr

(nach Garufi)

In den letzten Monaten bin ich vielleicht zu oft auf dem Friedhof gewesen, ich habe es nötig gehabt. Wie oft bin ich erwacht mit dem dringlichen Wunsch, mich sofort aufs Rad zu schwingen, vielleicht, weil in mir etwas Verlassenes ist. Mein Sohn ist ausgezogen, und ich brauche Kraft zum Neubeginn. Ein Teil meines Lebens ist fort, ein Teil meines Körpers, meiner Seele, der andernorts seiner eigenen Bestimmung entgegengeht.

Bereits mit der Geburt habe ich Leben bis zu seinem Ende in mein Kind hineingelegt. Früher einmal war er ganz mein, schmiegte sich an mich, ohne jeden Wunsch, sich zu entfernen. Dann fing er an, sich abzustoßen, riß sich los, steuerte irgendeinen Gegenstand an und fiel hin, von mir aufgefangen. Nun hat er sich gelöst und führt ein Leben für sich, von mir gewünscht und gefördert, und doch, und doch! Die Liebe, mit der ich seinen Auszug begleite, schließt meine Trauer nicht aus. Nun muß ich es lernen, diesen Einbruch zu etwas Eigenem in meinem Leben zu machen, ihn vertrauensvoll aus der Ferne geleitend.

Keine Rückkehr zur Einsamkeit wie früher, es gibt meinen Sohn. Aber er wird fremder, wird sich in anderen Leben verlieren. Der Schmerz der Normalität, der Sturz der Mütter, um so tiefer, je älter sie sind. Ein Abschied, vorweggenommen, auch vom Leben. Ein Versuch, ihm bis dahin eine neue Form zu geben.

Ich bin zu meiner Großmutter auf den Nordfriedhof geflohen, sie ist eine Frau und wird mich verstehen. Ich betrachte die Schrift auf dem Stein, die fünfzackige Krone.

Ich beuge mich tief über meine Großmutter, dies Häuflein Blütenstaub, um ihr Flüstern zu vernehmen, ich lege mein Ohr nahe an ihren Mund. Ich möchte ganz klein werden, um in sie hineinzukriechen. Da höre ich ihr Räuspern, sie schüttelt mich ab.

»Um Gottes willen«, sagt sie leise, aber energisch, wie es ihre Art ist, »nicht dauernd Besuche, schon gar nicht, wenn ich Mittagsschlaf halte, wie du weißt.«

»Ich dachte, das ist jetzt gleichgültig, verzeih.«

»Deine übliche Gedankenlosigkeit. Gerade heute, wo mein Nachbar herumgeisterte, die ganze Nacht.«

Sie niest. »Und außerdem ist es kalt. Ich habe mir einen Schnupfen geholt.«

Ich reiche ihr mein Taschentuch, sie schneuzt sich.

»Für mich ist es todlangweilig«, sagt sie, »immer diese Dinge anzuhören, die nun einmal zum Leben gehören. Du tust mir leid mit deinen Problemen.« Sie gähnt. »So freu dich doch deines Lebens! Hör auf, immer den Blick nach unten zu richten, schau hinauf!«

Gehorsam wende ich meinen Blick nach oben. Eine kleine weiße Wolke schwebt dreitausend Meter über dem Grab. Sie gähnt abermals und reicht mir zum Abschied ihre kühle Hand.

»Genieße dein Leben, ehe du ins Gras beißen mußt.«

Nur ein Hobby? Von wegen,
hier geht es um echte Leidenschaften!
Kleine Philosophie der Passionen

Peter Würth
Gärtnern
dtv 20036

»Ein Garten ist ein schreckliches Wesen: vereinnahmend, herrschsüchtig, kostspielig, rücksichtslos, eitel, prätentiös und egozentrisch. Trotzdem verehrt ihn der passionierte Gärtner abgöttisch.«

Elfriede Hammerl
Hunde
dtv 20037

Herzerwärmende und herzzerreißende Geschichten von großen und kleinen Hunden, den Hierarchien, Idiotien und Machtkämpfen der Hundebesitzer und von Stammbäumen im doppelten Sinn.

Karl Forster
Segeln
dtv 20038

Segeln, das ist für Karl Forster eine phantastische Errungenschaft menschlicher Intelligenz: Herrschen über die Elemente, Dienstbarmachung des Windes. Er erzählt von blonden Heldenskippern, Regattarächern, segelnden Aussteigern, Hundewachen und perfekt gemixten Anlege-Drinks.

Heiner Geißler
Bergsteigen
dtv 20039

Heiner Geißler schreibt, warum ihn die Berge faszinieren, und warum er auf den Gipfel will. »Ich kann in den Bergen fast alles vergessen, was mich stört. Man wird zwar vom Alltag wieder eingeholt, wenn man herunterkommt, aber man kann ja auch wieder hinaufsteigen.«

Kleine Philosophie der Passionen

Peter Würth
Gärtnern
dtv 20036

»Ein Garten ist ein schreckliches Wesen: vereinnahmend, herrschsüchtig, kostspielig, rücksichtslos, eitel, prätentiös und egozentrisch. Trotzdem verehrt ihn der passionierte Gärtner abgöttisch.«

»Ich liebe meine Frau. Und ich liebe unseren Garten. In dieser Reihenfolge. Eindeutig. Bei meiner Frau bin ich mir über die Rangfolge nicht immer ganz so sicher. Wenn sie von der Arbeit nach Hause kommt, ist sie müde und abgespannt, braucht Erholung. Das ist mehr als verständlich. Sie schließt dann die Türe auf, ruft mir ›Hallo Schatz‹ zu und geht in den Garten. Kein Kuß, keine Frage, wie es mir geht, nichts. Sie setzt eben Prioritäten: Wenn bei mir nicht alles in Ordnung wäre, hätte ich sie sicher schon im Büro angerufen. Außerdem bin ich erwachsen und selbständig. ›Ihr‹ Garten aber braucht sie. Er wartet den ganzen Tag lang auf sie, wartet darauf, gewässert, gedüngt, von Unkraut befreit zu werden. Ich kann ja selbst für mich sorgen, einkaufen gehen und mir etwas zu essen machen.«

»Ein lesenswertes und charmantes Buch – auch zum Verschenken. Statt Blumen.«
Bild am Sonntag

dtv